園生活が
もっとたのしくなる！

クラスのみんなと育ち合う
保育デザイン

保育者の悩みを解決する発達支援のポイント

―― 著 ――
中村みゆき

福村出版

目次

はじめに　　　　　　　　　　　　　　　　　　　　　　　　　　4
早期支援のために　　　　　　　　　　　　　　　　　　　　　　7
保育園・幼稚園での支援　　　　　　　　　　　　　　　　　　　12

集中できない子

一連の作業に集中できない　　　　　　　　　　　　　　　　18
　登園後、朝の支度（荷物の片づけ）がスムーズにできない　　　19
　給食の準備が遅れる　　　　　　　　　　　　　　　　　　　　25
落ち着きなくよく動く　　　　　　　　　　　　　　　　　　30
　広い場所で集合できない　　　　　　　　　　　　　　　　　　31
　給食のときに立ち歩く　　　　　　　　　　　　　　　　　　　35

衝動を抑えられない子

感情や行動を抑えられない　　　　　　　　　　　　　　　　40
　友だちが使っているおもちゃを黙って持っていく　　　　　　　41
　先生の指示で並べない　　　　　　　　　　　　　　　　　　　47
　園庭であそびに集中せず、次々とあそびが移っていく　　　　　51
しゃべりたい気持ちが抑えられない　　　　　　　　　　　　56
　絵本の読み聞かせのときにしゃべり出すことが多い　　　　　　57
　朝の会で1日のスケジュールを話しているときにしゃべり出す　63

見聞きしたことをうまく理解できない子

先生の指示がわからない、おぼえていられない　　　　　　　68
　片づけができず、うろうろしている　　　　　　　　　　　　　69
　持ってくるものがわからない、持ってくるものをおぼえていられない　73
「なにをするのか」がわからない　　　　　　　　　　　　　78

| お店屋さんごっこが始まっても、あそびに入れない | 79 |
| 好きなあそびをしなかったり、次々と移っていく | 85 |

🌰 制作や描画が苦手　　　　　　　　　　　　　　90
　ハサミをうまく使えない　　　　　　　　　　　　91
　顔の絵が描けない　　　　　　　　　　　　　　　95

こだわりの強い子

🌰 あそびや好きなことにこだわる　　　　　　　　102
　自由にあそぶとき、いつも同じ積み木で同じものを作り、
　　あそびがパターン化している　　　　　　　　　103
　もっとあそんでいたいので片づけられない　　　　107

🌰 勝ちや一番にこだわる　　　　　　　　　　　　112
　イス取りゲームでイスに座れないと友だちを叩く　113
　負けるのがイヤで集団活動の途中で抜け出す　　　119

🌰 習慣や予定にこだわる　　　　　　　　　　　　124
　道の変更をイヤがる　　　　　　　　　　　　　　125
　雨の日のプールあそびの変更ができない　　　　　129

自信のない子

🌰 言いたいことが言えず黙ってしまう　　　　　　134
　自分の思いが言えない　　　　　　　　　　　　　135
　折り紙をしたがらない　　　　　　　　　　　　　139

🌰 初めて取り組むことに参加できない　　　　　　144
　クラスの友だちと鬼ごっこ（しっぽとり）ができない　145
　プールに入れない　　　　　　　　　　　　　　　151

おわりに　　　　　　　　　　　　　　　　　　　　156

はじめに

　私は児童精神科専門病院に40年ほど勤務しています。その間、外来療育、デイケア、入院治療などで発達障害の幼児から青年に関わり、現在に至ります。

　また、地域の保育園、幼稚園などの巡回指導にも出かけています。園に出向くとちょっと気になる個性的な子どもに出会います。

　保育者の方から「朝の支度ができない」「給食の準備が遅れる」「好きなあそびばかりして友だちとあそべない」などのエピソードをたくさん聞くと、その子が園生活のいろいろな場面で困っている様子が浮かんできます。

　集団行動が苦手、こだわりがある、集中が途切れるなどの発達障害の特性があるだけでは"障害"ではありません。園の生活のなかでその特性にかかる苦手なことを求められたとき、うまく対処できず問題行動を起こしてしまうことが重なり"障害"に至るのだと思います。

　ですから、子どもが"障害"に至らず、個性豊かに園での生活を楽しく過ごすためには、保育者がしっかりと子どもの姿を観察し、なにに困っているのかを見きわめ、その困っていることに対して"わかりやすく、具体的な方法"を示すことが求められます。

　この本はそのような思いで書きました。

　今まで保育者の方々と取り組んできたなかでも、比較的実効性の高い事例をいくつか取り上げてみました。

 この本に書かれている子どものイメージ

　この本は知的には遅れがなさそうだけれど、発達に偏りがあり、得意なことと苦手なことの差が大きい発達障害やその傾向がある子どもを中

心にしています。でも、障害か否かが問題ではありません。

　発達障害がメディアでも紹介されるようになり、一般の方にもよく知られるようになってきました。園や学校でトラブルがあったりすると保護者の方からも「発達障害では？」との問い合わせや噂が流れることがあるようです。

　人は誰でもさまざまな体験をして成長していきます。日常生活で、成功することもつまずくこともたくさんあります。困難に直面したときに困ってしまうのは誰でも同じです。

　発達障害の人たちは日常生活の一部に困難を抱え、適切な援助がないと問題行動として発現します。しかし、早くに手を差し伸べれば、ちょっと個性的だけれど健康な人としての生活が送れます。

　私たちが大事にすべきことは、発達障害か否かではなく、日常の生活で困っている子どもがSOSを出せる信頼関係と早めの支援なのです。

保育者は悩みがいっぱい

　ある先生は、「A君は友だちを叩いてしまうことが多く、ケガをさせないかと、毎日ヒヤヒヤしています。注意してもA君は私の言うことをきかないのです」と悩んでいました。先生がA君の保護者に伝えると、『うちの子ばかり悪いのですか？　先生がちゃんと見ていてくれればこんなことは起きないのに』と言われてしまい、小さなトラブルがあっても保護者に伝えずにいたら、今度は『なぜもっと早く教えてくれなかったのですか』と園長先生を通して注意を受け、自信をなくしてしまいました。

　毎日、子どもたちの様子に気をつけて保育をしていても、いろいろな出来事があると思います。少し元気をなくされた保育者の方にも、毎日の園生活が楽しくなるような応援をしたいと思います。

みんなで育つ保育デザインで、子どもも保育者も保護者もハッピーに

　悩みがいっぱいの保育者の方に、難しく考えずに「毎日の保育を少し見直してみましょう」と伝えています。

　たとえば、トラブルを起こす子は、なぜトラブルを起こしてしまうのでしょうか？　自分の思いを他の子に伝えられないことや、衝動性の高いことがその行動を引き起こしてしまうのかもしれません。

　このように、行動の背景にある要因を探り、次にはどのような保育（支援）をすればトラブルを起こさないのか、どのような場面を"ほめる"とよいのかを考え、それにそった保育デザインを先生方と一緒に進めていけたら、と思っています。

　子どもは"ほめられる"と、自信を持ちます。そして、自己肯定感が向上し、もっとがんばろうとします。しかし、叱られ、注意ばかりされることが多い子は、自信がなく、「ぼく（わたし）ばかり叱られている」と不満を持ち、良い行動が身につきません。

　子どもの苦手なところを支援し、得意なところをドンドン伸ばす保育デザインによって、子どもと先生の良い関係ができます。そして、子どもは「先生にほめられた」「明日も先生と一緒にあそべる」などと園生活が楽しくなります。

　さらに保育を進めると、子どもは園での出来事を保護者に話すことが多いので、「先生はＡを大事にしてくれる」との思いが保護者に伝わり、保育者と保護者の信頼関係が深まります。

　この本は日々の保育に活用できるような形で、クラスの子も、気になる子も一緒に育ち合う保育デザインを載せてあります。楽しく保育が進められるように活用していただければ嬉しく思います。

　子どもも、保育者も、保護者もみんなハッピーになることを願って。

早期支援のために

 ## 保護者と理解し合う

　保育者の方が「A君の家庭では、お父さんがA君をどなったり叩いたりするので、A君も他の子にイヤなことばを言ったりするのではないかと思うのです」と話されることがあります。たしかに、そのとおりかもしれません。そして、担任の先生から保護者にA君のしつけについて気をつけていただくようお願いをすることもあるでしょう。

　しかし、A君に落ち着きがない（多動）、負けたくない（こだわり）などの特性があれば、家庭でも園と同じような気になる行動が見られる可能性があります。

　たとえば保育園での給食時、A君がおしゃべりしていつも最後まで食べている姿が見られれば、家庭でも「ご飯をしずかに食べなさい」と何回言ってもできないので、保護者はついどなってしまうのかもしれません。このようなときには保護者の気持ちにも寄り添い、園と家庭がA君の特性を共に理解して、相談し合えるようにすることが大切でしょう。

 ## 受診案内は慎重に

　「A君は注意してもじっとしずかに座っていられないし、ゲームで負けると友だちを叩いたりおもちゃを投げつけたりするので、病院や療育センターでみてもらってはいかがでしょう」と親切心で保育者から保護者に伝えることがあるかもしれません。この場合、保育者と保護者との信頼関係が良好なら「ありがとう、先生。私もそう思っていました。一度受診してみます」と、迷っていた保護者の気持ちの後押しになります。

　しかし、保護者によっては、「え!? 先生、うちの子を障害児として

見ていたの？」「落ち着きはないけど、足は速いし、字も覚えてきているのに……」「『Aはこの子の父親の小さいときとそっくりだわ』と姑が言っています。この子の父親は○○会社の副社長をしていますので、大丈夫ですよ。この子のことはご心配なく……」と受け入れてもらえないこともあります（このような話はよく聞きます）。

　一見して気になる姿がわかりにくく、知的な遅れのなさそうな子どもの受診は、保護者があまり望みません。親切に受診をすすめたことで、保護者との関係にひびが入る場合もあるので気をつけましょう。

　このような繊細な問題は、園長先生や保健師さんなど、子どもと日々直接には関わらない人が客観的に伝えるのも方法の１つです。

 保護者も悩んでいます

　「Aのことで毎日園からトラブルの電話がある」「スーパーに連れて行くと、スーパーのなかを走り回り、いつも迷子になる」など、エピソードはさまざまですが、保護者のなかには子どもの育ちや育て方で悩んでいる方がいます。

　しかし、自分の子育てを責めたり、いろいろ考えてしまい、なかなか言い出すことができないのです。

　また、"他の子となにかちがう"と感じていても、多くの保護者は、他の子どもが通う普通の保育園・幼稚園・学校などで、その子の発達に見合った支援方法で対応してほしい、クラスのみんなと共に育ってほしい、そして、その子なりの成長発達をしてほしいと望んでいるようです。

　クラスのなかで気になる子の姿に気づいたら、早急に保育の工夫をし、子どもが困らないような保育（みんなが成功する支援）を進めていくことが大切です。早期発見・支援のスタートは、保育園や幼稚園のなかで行われていくのが望ましいです。

支援が遅れるわけ

　たとえばＡ君は、集団あそびなどで負けると暴れ、友だちとトラブルを起こします。集団行動に対してはクラスの友だちに比べ、発達がゆっくりです。一方で、自動車・電車・昆虫などに興味があり、知識も豊富で"博士"と呼ばれています。なにより外あそびが好きで運動能力はすばらしく、クラスみんなの憧れです。

　Ａ君のようなタイプの子の保護者は、受診に積極的ではないようです。

　反対に、保育者は保護者にＡ君の気になるところ（障害かもしれない）を認めてもらい、受診し診断され、"専門家のアドバイスをもらってから支援をスタートさせたい"と望む方が多いように思います。

　この時間が長いと支援を遅らせることにつながり、子どもの状況が悪化してしまう可能性が高いのです。受診を待っているだけでは子どもの姿は変わりません。保育者が子どもの困っている（問題行動が起こっている）ところに適切な支援をすれば、Ａ君の自信につながり、楽しく園生活を過ごすことができるようになります。

　ぜひ、日々の保育を見直し、今日から支援をスタートさせましょう。

 ## 根拠のある支援を

目利き力・腕利き力をつけると、保育が楽しい

　保育士・幼稚園教諭の先生方は、乳幼児期の定型発達の子どもの姿をよく理解されてます。

　ですから"この子はなにかちがう""年長さんなら〇〇ができるのにこの子はできない"などがわかるのです。"この年代の他の子がすることをしない子""他の子がしないことをする子"が気になります。

　その力をベースに支援の仕方を考えてみましょう。

目利き力
（観察する力）

日常の園生活のなかで、子どもの気になる行動を観察します。そのとき、「いつ、どこで、なにがあって、どうなった」を意識し、観察します。

たとえば、「給食準備のとき（いつ）、保育室や廊下で（どこで）友だちとしゃべったり、おもちゃをさわったりしていて（なにがあって）準備が遅れる（どうなった）」などのエピソードが描ければステキです。

要因分析力
（なんでそのような行動をするのだろう？　と考える、行動の背景にある理由を探りあてる力）

「給食準備のとき、保育室や廊下で友だちとしゃべったり、おもちゃをさわったりしていて準備が遅れる」のエピソードに対して、「なんでかな？」と考え、その行動の背景にある理由や気持ちを探りあてます。

この場合は、
（1）いつまでに給食準備をしたらいいかがわからない（時間の理解）
（2）給食準備の手順がわからない（手順の理解）
（3）好きな友だちや興味のあるおもちゃに気を取られる（刺激に弱い）
と考えましょう（子どもによっては異なりますので、仮説です）。

腕利き力
（要因に対し、支援計画を立て、先生が上手に支援する力）

次に、要因に対して適切な支援を考えます。
（1）いつまでに準備したらいいかがわからない（時間の理解）
　　に対しては、
　　　「時計の針が10のところにくるまでに準備します」
　　と約束を示す。

（２）給食準備の手順がわからない（手順の理解）

　　　に対しては、

　　　　　①はしとコップをだす

　　　　　②ごはんをとりにいく

　　　　　③おかずをとりにいく

　　　と、手順カードカードを見せながら説明する。

（３）好きな友だちや興味のあるおもちゃに気を取られる（刺激に弱い）

　　　に対しては、

　　　　　①おもちゃは見えないようについ立ての後ろに片づけておく

　　　　　②グループで行動する

　　　　　③好きな友だちとはグループを一緒にしない

　このように、要因と支援計画を組み立てることで、目標（めざす子どもの姿）「給食のとき、時計の針が10のところにくるまでに準備ができるようになる」が成功します。

　２週間くらいの取り組みで成功できる低い目標（めざす子どもの姿）からスタートします。このような方法で取り組めば、いろいろなアイデアが浮かび、みじかい期間で子どもの行動が良くなっていくので、保育が楽しくなります。

　まずは事例を引用してみてください。そして、

　　＊魚を貰うな

　　　（教えてもらうのではなく）

　　＊釣り方を覚えよ！

　　　（自分で考え、計画が立てられるようになろう！）

が実現できることを期待しています。

保育園・幼稚園での支援

育ち合いを大切に

　子どもの成長は、環境やクラスの子どもたちによって大きく左右されます。気になる子の支援はその子だけの支援を考える前に、クラスの環境や他の子どもとの育ち合いを考えましょう。

　クラスのなかにはいろいろな育ちの子がいます。気になる子だけの特別な支援を中心に考えると、他の子どもから「A君ばっかりいいなー」やA君は「ぼくだけ注意される」などの問題が起こってきます。そのようにならないためには、たとえば「クラスのみんなも○○の約束をします。A君も○○の約束がんばろうね」とクラスの子と同じ約束をすることによって、みんなが納得します。そして認め合い、育っていきます。

　このような、**気になる子もクラスのみんなも共に育ち合う保育デザイン**は、クラスのすべての子どもにわかりやすい保育、規律のある保育として、Ⅰ．クラス環境の整え、Ⅱ．クラスみんなの支援、Ⅲ．個別の支援で組み立てます。

　２週間くらいで成功し（気になる行動が減り）、子どもの自尊感情の回復と育成が期待できます。また、クラスの他の子にも効果があり、クラスが落ち着き、他の気になる子の存在も目立たなくなります。

　子どももハッピー、クラスもハッピー、先生もハッピー、保護者もハッピーになる保育のデザインです。

　事例集はこの構造で示してあります。

Ⅰ．クラス環境の整え

わかりやすく、規律のある保育を実践するために環境を整える

　片づけがスムーズにできるように棚を整理したり、1日のスケジュールをわかりやすいように掲示するなど、子どもたちが安心して過ごせるクラス環境を整えます。クラス環境を工夫して、クラス作りと、他の気になる子への支援も同時に解決する保育をめざします。

例①　朝の支度がスムーズにできない場合
・集中できるように朝の支度を1か所でできるコーナーを作る。システムキッチンのように、その場で物の片づけができる環境を整える
・手順を忘れないように手順表を作る

例②　見通しが持てず次の活動がわからずうろうろする場合
・1日のスケジュールを作って朝の会ですべてのスケジュールを示す。1つの活動が終わったら、残りの活動を教える

例③　物の置き場所がわからず、片づけができない場合
・棚や物入れカゴになにが入っているか、絵や写真をはってひと目でわかるようにする

例④　制作の工程がわからず活動に参加しない
・制作手順の工程表を作り、1つずつ進める

例⑤　気が散って集中が続かない
・つい立てなどを活用して1人で落ち着いて過ごせる場所であそばせる

Ⅱ．クラスみんなの支援

クラスの約束や活動ルールを明確にする

　クラスのみんなも気になる子も、全員がクラスの約束や活動ルールを守るようにします。この段階で、気になる子の行動が適応的な行動に大きく変わることがあります。それでも個別的な支援が必要な子どもには、個別の支援を組み立てます。

例①　クラス全体が騒がしく、集中ができない
・保育活動を始める前に必ず集中させてから始める。「先生に目のサイン見せて」と言って先生の目を見るようにうながす
・先生「バラ組さん」、子ども「はーい」のやりとりをして集中してから「今から絵本を読みます」などとはじまりをはっきり伝え活動を始める

例②　給食のとき、立ち歩いたり食べたりを繰り返す
・「みんなでごちそうさまをするまでは、立ち歩きません」と約束する
・「はじめの 10 分はもぐもぐタイムです。黙って食べましょう」と食べることに集中させる

例③　友だちがあそんでいるおもちゃを勝手に使いトラブルになる
・「友だちに『かして』と言って『いいよ』と言われたら『ありがとう』と言って使います」の約束をクラスみんなで守るようにする

例④　先生が話している場面でしゃべるので聞いていない
・「お話はしずかに聞きます。先生のお話が終わったら、質問できます」「質問するときは、手をあげてください」の約束をして、実行する

例⑤　勝つことや一番にこだわる
・勝つことだけにこだわらない（価値観の変容ができる）よう、じゃんけんして「チョキを出した子から出発」、「背の低い順から出発」などと変化を持たせる

Ⅲ. 個別の支援

問題行動を起こさせない予防の観点での支援
・活動やあそびができない子にはできるように、90％支援する
・人を叩く子には叩かせないように予防的支援をする。衝動的に叩こうとしたらすぐに止める
・部屋から飛び出す子には飛び出す要因を見きわめて、飛び出させないようにする

成功体験・自己肯定感の向上、支援の引き算
・活動ができない子に対して、先生は援助をして成功させる。次には少しずつ支援を引いていき、発達をうながすようにする

　たとえば、「友だちの顔を描きましょう」の課題がある場合、その子に対して先生は「Ａ君は目だけ描いてね、点線で描いてあるのでそれをなぞればいいよ」と90％支援をします。次には、「目と鼻を描きましょう」と言って80％に支援を引いていきます。

ほめる支援
・ほめると子どもが心理的にも、行動的にも先生に近づき、信頼関係が深まる
・叱ることや注意が多いと子どもは先生に理解してもらえない、認めてもらえない気持ちになり、心理的にも行動的にも離れていく。先生が嫌いになり、部屋から出て行ったりすると、人手（加配保育士や支援員）が必要になる

　これらは一例ですが、支援の組み立てに活用していただければと思います。クラスのみんなと共に一定期間、一貫した支援を行うことにより適応行動のパターンができると、子どもの行動は劇的に変化することがあります。

この本の見方

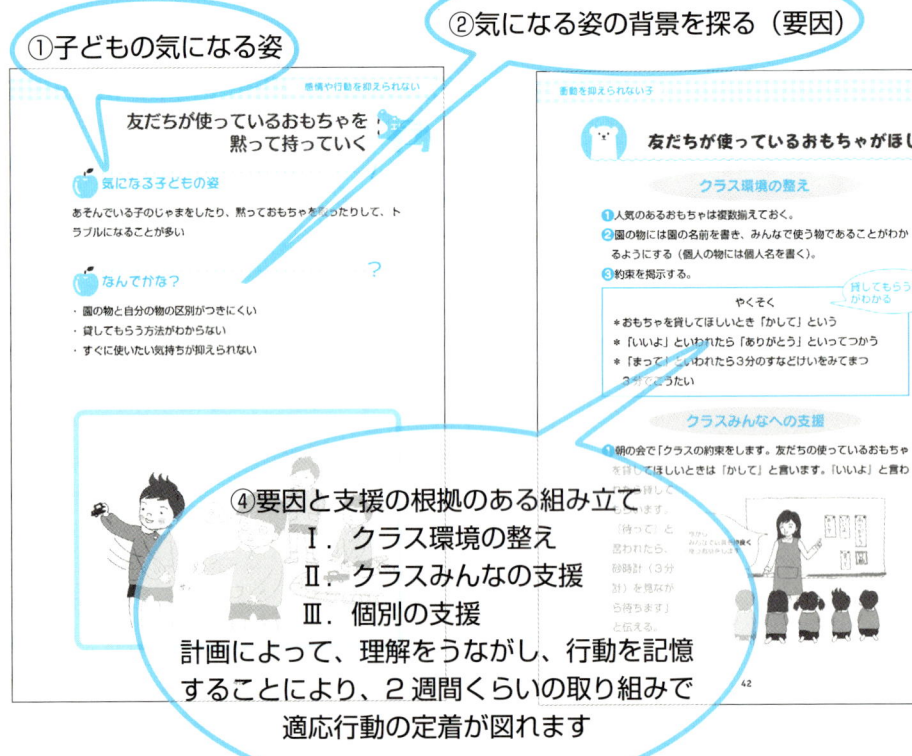

例

① 子どもの気になる姿：友だちの使っているおもちゃを突然取り上げ、トラブルになる。
② 要因１：「かして」が言えない。
　 要因２：すぐに使いたい（衝動性が高い）。
③ 目標：かしてほしいとき「かして」が言えるようになる。

③どのような姿になってほしいか（目標）

⑤ワンポイントアドバイス

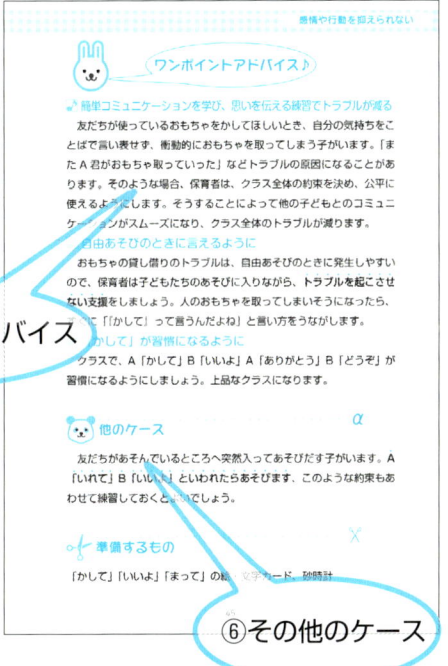

⑥その他のケース

④　要因と支援
1．「かして」が言えない。→「かして」と言えるようにロールプレイする。
2．すぐに使いたい（衝動性が高い）→「少し待てばA君の番がくるから、3分間の砂時計の砂が落ちるまで先生と一緒に見て待とうね」と一緒に待つ。すぐに使いたいという気持ちを、希望を持ったがまんの育成に変える。

> 集中できない子

一連の作業に集中できない

エピソード

①登園後、朝の支度（荷物の片づけ）がスムーズにできない
②給食の準備が遅れる

一連の作業に集中できない

登園後、朝の支度（荷物の片づけ）がスムーズにできない

エピソード①

気になる子どもの姿

- 朝の支度（片づけ）に30分以上かかる
- 友だちがあそんでいると朝の支度（片づけ）をせず、あそんでいて、いつまでも片づけられない

なんでかな？

- 片づけの手順がわからない
- 片づけの手順を忘れてしまう
- 友だちがあそんでいるのを見て、早くあそびたい気持ちになる

集中して朝の支度（荷物の片づけ）

クラス環境の整え

❶ 荷物片づけの動線を短くする（1か所で片づけられる構造にする）。
❷ 片づける場所からあそぶ場所を見えなくする（つい立てを立てるなど）。 — 片づけに集中する
❸ 片づけの手順表を掲示する。 — 手順を忘れない

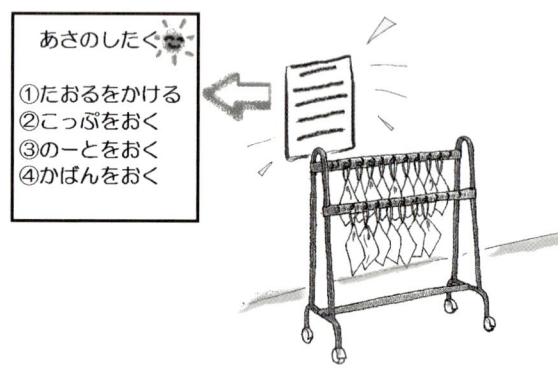

クラスみんなへの支援

❶「みなさん、朝のお片づけの場所が少し変わっています。そして、今日からタイマーを使って"チャレンジお片づけ"をします。どのようにするか先生がお手本を見せるから見ていてね」と説明し、手本を示す。
・タイマーを10分にセットする
・手順表どおりに荷物を片づける（1.タオル、2.コップ、3.出席ノート、4.カバン） — 手順がわかる

一連の作業に集中できない

を10分でできるようになろう

やる気スイッチオンだ！

先生がお手本を見せます！！

- 先生に「片づけが終わった」と言いに行く
- 花丸シールをはる

がんばる気持ちになる

❷「さあ、みんなも10分で片づけができたら、先生に言いに来てね。花丸シールを渡します」「花丸シールをはったら、みんなとあそびましょう」

集中できない子

集中して朝の支度（荷物の片づけ）を10分でできるようになろう

個別の支援

クラスのみんなに説明して「A君もチャレンジしようね」と伝え、「クラスの友だちもチャレンジするし、ぼくもする」といった気持ちを大事にする。

❶ はじめは先生と一緒に行い、手順を教える。
❷ 理解したらタイマーのセットをさせて、1人で行わせ、見守る。
❸ 途中で気がそれそうになったら「A君、時間大丈夫？」などと声をかける。
❹ 花丸シールをはって、「○分でできたよ、すごいね」とほめる。

一連の作業に集中できない

ワンポイントアドバイス♪

♪ 環境を整えると集中できる

　クラスには気になる子の他にも朝の片づけがスムーズにできない子がいます。クラスのみんなに活用できる手立ては、動線の短縮、片づけの手順表の掲示、片づけ場所を明確にすることです。

♪ 気が散らない工夫

　子どもは興味のあることに引かれるので、片づけ場所から他の子があそんでいる姿やおもちゃなどが見えないことにも留意しましょう。

♪ タイマーはやる気スイッチオン

　時間に挑戦する"チャレンジ"といった形を取ることによってクラス全体の子どものやる気を引き出します。その結果、クラス全体の行動がスムーズになります。

♪ 定着したら、支援の引き算

　2週間（10日）くらいでクラス全体の子どもの片づけ行動が定着するでしょう。片づけがスムーズにできるようになったら、タイマーを使用する"チャレンジ"をやめてもいいでしょう。

　はじめはしっかり支援をし、できるようになったら支援を引いていきましょう（90％支援から支援の引き算をする）。

🐻 その他のケース　α

　年齢が低かったり、知的発達がゆっくりだったりすると、課題の意味を理解することが困難な場合もあります。そのときは、しばらく先生がそばにつき、毎日同じ手順で援助すると徐々におぼえるようになります。その際、子どもの成功体験を喜び合いましょう。できるようになったら次第に支援を引いてみてください。

今までの巡回ではほぼ100％成功して、「子どもをほめられるようになった」「朝から子どもに注意をしなくてもよくなり、子どものとの信頼関係がさらに良くなった」などの感想を担任の先生からいただいています。

準備するもの

タイマー、片づけの手順表、花丸シール、シールをはる台紙

発達支援のポイント

90％支援とは、子どもの行動を成功に導く支援です

① 10個のブロックを組み立てるのであれば、9個まで先生がしてやり、10個目を本人に組み立てさせて、ハイ、できあがり。

②ホットケーキ作りなら、さいごにイチゴをのせさせて、ハイ、できあがり。

③くつ下をはくなら、かかと・くるぶしまで入れておいて、さいごに引っぱれば、ハイ、はけた。

　90％支援は子どもが10％の力を出せば成功できる方法。でも、これを続けていても"力"がつかないので、次には80％、70％60％と支援を引いていきます。

　①の例では、10個のブロックを組み立てるのに、はじめは9個保育者がしてやり、次には8個、次は7個と保育者が支援を引いていきます。子どもは、90％支援は10％、80％支援は20％、70％支援は30％と、無理なくスモールステップで"力"をつけていきます。

一連の作業に集中できない

給食の準備が遅れる

エピソード 2

 気になる子どもの姿

・給食前のトイレや手洗いなどに時間がかかり、給食の準備が遅れる

 なんでかな？

・ トイレや手洗いのとき、混雑する
・ トイレの並び方がわからない
・ 「トイレ」から「いただきます」までの一連の行程が長い
・ 給食準備の手順がわからない

集中できない子

給食準備をみんなから遅れず

クラス環境の整え

❶トイレのスリッパは便器の数だけそろえておく。

❷手洗い場所やトイレの前の並ぶところに足形などを描き、どこに並ぶかわかるようにする。

> 並び方がわかる

❸副食などは先生の前のテーブルに取りやすいように並べておく。

一連の作業に集中できない

にできるようになろう

混まないとはやくできるネ

クラスみんなへの支援

❶「みなさん！ 今日からトイレ・手洗い・給食の準備をグループでします」「名前を呼ばれたグループはみんなそろって"きゅうしょくのじゅんび"のとおりにします」と言って、グループですること（約束）を見せ、説明する。

混雑しない

行程を区切ると手順がわかりやすい

❷「それではカメさんグループさん、どうぞ」と言って、トイレ・手洗いが混雑しないようにグループ調整をして進める。
❸「すごい、みんな上手に給食準備ができました」とほめる。

給食準備をみんなから遅れずにできるようになろう

個別の支援

❶給食準備の約束を事前に話し、手順を覚えているか復唱させる。

❷手順がわからなくなったときは、掲示してある絵や文字を見て行動するように支援する。

❸トイレや手洗いのとき、足形に合わせて並ぶように支援する。

❹グループの友だちと一緒に行動するようにうながす。グループでモデルになる子のまねをするようにうながす（グループの子にA君に声をかけてもらう）。

❺できないようであれば、最初は先生がそばについて行う。

❻できたら「A君、今日はグループのみんなと一緒にできたね。カッコイイです」とほめる。

 ワンポイントアドバイス♪

♪ 行程が長い

　一連の行程をおぼえていない子は、友だちのまねをするので、準備が遅くなりがちです。また、一連の行程が長いと、次に何をするのか忘れることがあるので、今回のデザインでは、行程を①、②、③に分け、行程どおりに行うようにしました。

♪ グループで確認

　各グループで「お当番さん」を決めて、①ができた、②ができた、と確認するとよいでしょう。

 準備するもの

給食準備の約束、足形、グループ分けの表

グループ

かめ……あき、とおる、はな、しょう
うさぎ……はるな、じゅん、なうか、るい
くま……まな、りゅう、れいな、たくや
きりん……ふゆか、だい、りな、ゆう

集中できない子

落ち着きなくよく動く

エピソード

①広い場所で集合できない
②給食のときに立ち歩く

落ち着きなくよく動く

広い場所で集合できない

気になる子どもの姿

・遊戯室や園庭で集合するとき、走り回って集合できない

なんでかな？

・見たり、聞いたりする刺激に左右される（刺激を受けやすい）
・座る場所がわからない

集中できない子

遊戯室で走り回らず

クラス環境の整え

① 遊戯室の集合場所に線を引いて、各自がどこに座るかわかりやすいようにしておく。

クラスみんなへの支援

① 遊戯室への移動前に「今から遊戯室に行きます。遊戯室にはみんなが座るところがマーク（名前）でわかるようになっているので、自分のところに座ります」 〔場所がわかる〕

② 「先生は5分になったら行きます。そのときまで待っていてください。そのとき、みんなが自分の場所に座っていたらカッコイイです」と予告しておく。 〔みんなが座っているので刺激が少ない〕

先生は5分になったら行きます
みんな、まっててね

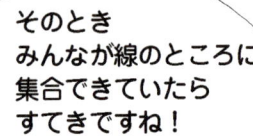

そのとき
みんなが線のところに
集合できていたら
すてきですね！

落ち着きなくよく動く

集合できるようになろう

じっとしていようと思うんだけど……

個別の支援

❶ A君の席は前列の端にする。

❷ "お座りマット"を敷き、A君のマットを置いた状態の遊戯室に行き、「A君ここに座るよ」と教える。「先生が遊戯室に行くまで座っていられたらカッコイイです」と伝えておく。

座る場所がわかる

❸ できたら大いにほめる。

A君 赤いマットのここに座るよ

座って待っていられたらかっこいいね！！

集中できない子

 ワンポイントアドバイス♪

♪ 座る場所がわかる

　遊戯室など、広いところで集合することが苦手な子どもが多い場合、**どこに集合し、どのような状態で（座って）、いつまで**待っていたらいいのかを明確にしておくと、子どもたちは見通しが持てます。方法として"お座りマット"の例を示しましたが、場所がわかるようになったら支援の引き算をして、次にはみんなと同じように線だけで自分の場所がわかるようにします。

　他の子が座らずうろうろしているとA君のようなタイプの子はその刺激に影響を受けやすいので、クラスのみんなも一緒に支援するといいですね。そして、クラスのみんなが自分の場所に座っていると、先生も子どもたちをほめることができます。

♪ 待たせる時間はみじかくはっきりと

　「先生は○分に来ます。そのとき自分の座るところでまっていてくれたらすばらしいです」と伝えておくと、そこに座って○分待てば先生にほめられる（認められる）とわかるので、適切な行動ができるようになります。先生もていねいに子どもたち1人ひとりをほめてください。

♪ 定着するまで続ける

　2週間のうち3～4回遊戯室を使用し、同じ行動パターンにするとよいでしょう。

✂ 準備するもの

座るところを明示した遊戯室の絵図、"お座りマット"、各自の名前を書いた床にはるテープ

落ち着きなくよく動く

給食のときに立ち歩く
エピソード2

気になる子どもの姿

・給食のとき、「給食は終わるまで座って食べましょう」と話すが、少し食べては立ち歩き、おもちゃをさわりに行ったり友だちに話しかけたりする

なんでかな？

・気が散って集中して食べることができない
・食事のマナーが身についていない
・クラスのルールが明確でない

集中できない子

みんなでごちそうさまをするまで

クラス環境の整え

❶約束カードを掲示する。

> やくそく
>
> ① **もぐもぐタイム**
> ながいはりが3までは、おともだちと
> しゃべらないでたべるじかんです。
>
> ② **ごちそうさま**
> ながいはりが5になったら、
> ごちそうさまをします。
> それまでは、たちあるきません。
>
> はやくたべおわったら えほんコーナーで
> えほんをみます。

（クラスのルールをはっきり）

❷つい立てを立てて、食べているところから絵本コーナーが見えないようにする。（気が散らない）

クラスみんなへの支援

❶朝の会で、「給食のとき、おしゃべりしたり立ち歩いて給食時間が長くなっているので、今日から"やくそく"を守って食事をしましょう」と約束の内容を伝える。
「食べているあいだは立ち歩きません」（食事のマナー）

落ち着きなくよく動く

立ち歩かないでいられるようになろう

もぐもぐ、ばくばく、オイシー！

「もぐもぐタイムは友だちとおしゃべりしません」
「はやく食べたら、片づけて絵本を見ます」
「ごちそうさまをするときは、絵本を見ている子も机のところに来て、みんなと一緒に『ごちそうさま』をします」
と、ていねいに話す。

気が散らない

❷ 給食の時間になったら、朝の会で伝えたことを確認して、手順どおりにする。

❸ 「今日はだれも立ち歩かなかったね。しずかに食べていたね」
と全員をほめる。シールをはる。

いただきまーす

絵本コーナーを隠す

集中できない子

みんなでごちそうさまをするまで立ち歩かないでいられるようになろう

個別の支援

❶ 給食が始まる前に"約束"の話をしておく。
❷ 先生はA君の近くで給食を食べる。
❸ もぐもぐタイムでしゃべりそうになったら「シー」の合図をする。

❹ 「長い針が5になったらごちそうさまをするので、それまでは立ち歩かないようにしようね」と子どもの様子を見て、ときどき伝える。
❺ 食べ終わったら片づけて、絵本コーナーで絵本を見るように、うながす。
❻ 「立ち歩かないで給食を食べたから、シールをはろうね」とほめて、シールをはる。

ワンポイントアドバイス♪

🎵 給食の約束
　給食の約束がはっきり決まっていると、クラスのみんなも守るので、気になる子もその集団力動によって、守りやすくなります。

🎵 友だちがあそんでいるところが見えると刺激になる
　友だちが早く食べ終わってあそんでいると、まだ食べ終えていないのに友だちのところへ行く子がいます。友だちがあそんでいることが気になり、集中して食べられないのです。

🎵 もぐもぐタイムで集中
　集中が途切れる子は刺激に左右されやすいので、クラスのみんなもおしゃべりせず食べる時間を"もぐもぐタイム"として集中して食べるきまりを作ると、クラス全体が集中して食べるようになります。

✂ 準備するもの

約束表、時計、シール評価表（クラスみんなの子どもの名前が入っている）、興味のあるシール、子どもの好きな絵本など

衝動を抑えられない子

感情や行動を抑えられない

エピソード

①友だちが使っているおもちゃを黙って持っていく
②先生の指示で並べない
③園庭であそびに集中せず、次々とあそびが移っていく

感情や行動を抑えられない

友だちが使っているおもちゃを黙って持っていく

エピソード①

気になる子どもの姿

- あそんでいる子のじゃまをしたり、黙っておもちゃを取ったりして、トラブルになることが多い

なんでかな？

- 園の物と自分の物の区別がつきにくい
- かしてもらう方法がわからない
- すぐに使いたい気持ちが抑えられない

衝動を抑えられない子

友だちが使っているおもちゃがほしい

クラス環境の整え

❶人気のあるおもちゃは複数そろえておく。

❷園の物には園の名前を書き、みんなで使う物であることがわかるようにする（個人の物には個人名を書く）。

❸約束を掲示する。

> かしてもらう方法がわかる

やくそく
* おもちゃをかしてほしいとき「かして」という
* 「いいよ」といわれたら「ありがとう」といってつかう
* 「まって」といわれたら3分のすなどけいをみてまつ
  3分でこうたい

クラスみんなへの支援

❶朝の会で「クラスの約束をします。友だちの使っているおもちゃをかしてほしいときは『かして』と言います。『いいよ』と言われたらかしてもらいます。『待って』と言われたら、砂時計（3分計）を見ながら待ちます」と伝える。

今から、みんなでおもちゃをなかよく使うお話をします

42

感情や行動を抑えられない

とき、「かして」と言えるようになろう

おもちゃはなかよく使おう！

最初は先生と練習　　　　　　　→友だちと練習

❷ 最初は先生と、次は友だちと2人組でロールプレイをする。
❸ 「上手にできました」とほめる。

個別の支援

❶ 先生はA君と【「かして」「いいよ」「待って」3分待つ】のロールプレイをする。

1　A君「かして」
　　先生「いいよ」
　　A君「ありがとう」と言って使う。

2　A君「かして」
　　先生「待って」
　A君は砂時計を見ながら待つ。
　砂が全部落ちたら、
　　先生「どうぞ」
　　A君「ありがとう」
　と言って使う。

はじめは先生と一緒に待つ

ルールがあると気持ちを抑え、待てるようになる

いつまで？

砂時計
1回ぶん〜

衝動を抑えられない子

友だちが使っているおもちゃがほしいとき、「かして」と言えるようになろう

砂時計2回ぶん まって〜

❷自由あそびの場面で、A君が黙って友だちの使っているおもちゃに手を出そうとする様子が見られたときは、A君のそばに行ってそっと、「A君『かして』だよね。一緒に『かして』って言ってみようか」と「かして」をうながす。「待って」と言われたときは、砂時計を見て先生と待つようにし、待てたらほめる。

> 先生と一緒に待てばガマンできる

感情や行動を抑えられない

ワンポイントアドバイス♪

♪ 簡単コミュニケーションを学び、思いを伝える練習でトラブルが減る

友だちが使っているおもちゃをかしてほしいとき、自分の気持ちをことばで言い表せず、衝動的におもちゃを取ってしまう子がいます。「またA君がおもちゃを取っていった」などトラブルの原因になることがあります。そのような場合、保育者は、クラス全体の約束を決め、公平に使えるようにします。そうすることによって他の子どもとのコミュニケーションがスムーズになり、クラス全体のトラブルが減ります。

♪ 自由あそびのときに言えるように

おもちゃの貸し借りのトラブルは、自由あそびのときに発生しやすいので、保育者は子どもたちのあそびに入りながら、**トラブルを起こさせない支援**をしましょう。他の子のおもちゃを取ってしまいそうになったら、すぐに「『かして』って言うんだよね」と言い方をうながします。

♪「かして」が習慣になるように

クラスで、A「かして」B「いいよ」A「ありがとう」B「どうぞ」が習慣になるようにしましょう。上品なクラスになります。

他のケース α

友だちがあそんでいるところへ突然入ってあそびだす子がいます。A「入れて」B「いいよ」と言われたらあそびます、このような約束もあわせて練習しておくとよいでしょう。

準備するもの

「かして」「いいよ」「まって」の絵・文字カード、砂時計

発達支援のポイント

自分の行動を知ること

　問題行動を起こさせないためには、その行動がどのようにしてあらわれてくるかを解説することが大切です。

　たとえば、友だちが使っているおもちゃを勝手に取ってしまい友だちから非難され、思わず叩いてケガをさせてしまう子がいます。その場合、"A君は自分の性格に気づけていない"と、A君にわかるように解説しましょう。

　たとえば「A君はB君のおもちゃかしてほしかったんだよね」とA君の気持ちを受け止めます。「だけど『B君かして』と言わなかったら、B君が『先生、A君がおもちゃ取っていくー』と言ったので、A君はB君を叩いてしまったんだよね。B君は痛かったよね。A君はちょっとイライラすると、友だちを叩いてしまうことがあるね。どうしたらいいか、先生と考えてみようね」

　「友だちからイヤなことを言われたり、いじわるされると困るから、先生と一緒に友だちとうまくあそべる練習しようか」と言って、A君が「うん、いいよ」と言ったら、A「かして」B「いいよ」A「ありがとう」B「どうぞ」の練習をして、B君や他の友だちとA君がなかよくできるようにつなぎます。

　このようなふるまいができない子には「おもちゃをかしてほしいときは先生に言いに来ます」と約束をして、先生がB君との仲介をすることもOKです。

　失敗しないために気をつけるところを子どもに伝えることは、身近で子どもとの信頼関係にある保育者が支援すると有効です。

感情や行動を抑えられない

先生の指示で並べない
エピソード ②

🍎 気になる子どもの姿

・遊戯室などに行くとき、背の高い順に並ぶよう指示するが、好きな子の後ろに並び、悪ふざけをしている

🍎 なんでかな？

・背の高い順の並び方がわからない
・特定の友だちを見ると、悪ふざけをしてしまう
・並んで待っている時間が長い

衝動を抑えられない子

遊戯室などに行くとき、先生の

クラス環境の整え

❶ 並び順を写真に撮って掲示する。 → 順番がわかる
❷ 刺激しやすい子、されやすい子を離して並ばせる。 → 悪ふざけしやすい友だちとは離す
❸ 遊戯室の床に男の子と女の子の並ぶ線を引く。
❹ わかりにくい子には個人の名前やシールで並ぶ位置がわかるようにする。

クラスみんなへの支援

❶ 「遊戯室に行くときの並び方を黒板にはりました。男の子は緑の線に並びます。女の子は黄色の線に並びます」と伝える。 → 並び方がわかる

ここに並び方の写真をはったよ

男の子は緑色
女の子は黄色の線に
並ぼうね

感情や行動を抑えられない

指示どおりに並べるようになろう

> ヒマになるとお友だちをさわっちゃうんだよね……

❷「クラスみんなの約束は、並んだら友だちをさわりません」と伝える。

❸「○時△分になったら出発です」と伝え、並んだらすぐに移動を始める。

> 待ち時間をみじかく!

個別の支援

❶ 個別に誰の後ろに並ぶか写真を見せて「B君の後ろの、シールがはってある場所に並ぼうね」と伝える。

❷「並んだら、友だちの体にさわらないようにしようね」と伝える。

❸「遊戯室に行ったら、A君の好きな積み木ごっこをしようね」と伝え、期待を持たせる。

❹「B君の後ろで、友だちをさわらず待てました。すごーくがんばりました」とほめる。

> しっかりほめる!

- 遊戯室へ行ったら積み木ごっこをしようね
- Bくんの後ろだよ
- 並んだら、お友だちの体にさわらないようにしようね
- うん!

衝動を抑えられない子

ワンポイントアドバイス♪

♪ 順番がわかる

保育者がわかっていることと子どもがわかることは違います。「背の順に並びましょう」と言われても、子どもは背の順を理解していないことも多いので、順番に並ばせ、写真を撮り、それを掲示してわかりやすくします。

♪ 同じタイプの性格の子は前後に並ばせない

友だちにさわってしまう子の前後には、刺激に左右されない子を並ばせましょう。同じタイプはなかよしですぐにくっつき、性格の似ている子は互いに引き合い、ふざけてしまいます。

♪ 待たせない

待ち時間が長いと、刺激を求め他の子とふざけてしまうことがあるので、**保育者は段取りよく、子どもを待たせず**にさっと並ばせ、スピーディーに移動するとよいでしょう。

♪ いろいろな並びを体験

他にも「グループで並ぶ」「生まれ月の順に並ぶ」などいろいろな並ばせ方をしましょう。一番に並びたい子の抑制力にもなります。

✂ 準備するもの

並び方の写真、床にはるテープ、並ぶ場所にはるシール

感情や行動を抑えられない

園庭であそびに集中せず、次々とあそびが移っていく

エピソード ③

🍎 気になる子どもの姿

・園庭であそんでいるとき、A君は友だちがあそんでいるおもちゃを取り上げたり、ちょっかいをかけたりして、次々とあそびが移っていく

🍎 なんでかな？

・あそび方がわからない
・１つのあそびに集中できない
・あそび始めてもあそびを発展させられない
・友だちのあそびが気になる（友だちとあそびたい）

グループの友だちと園庭あそび

クラス環境の整え

❶ 子どもの興味や発達に見合った外あそびのおもちゃをそろえる。

クラスみんなへの支援

❶「グループで外あそびをします。なにをしてあそぶか話し合いましょう」と言って各グループに話し合うよううながす。グループの意見が出なかったら先生がヒントを出し、グループで決める支援をする。ヒントは、①砂場で山や川などを作る、②園庭で駅ごっこをする、③ドッジボールをする、④鬼ごっこをする、など。

朝の会

今日は、グループで外あそびをします

なにをしてあそぶかグループで話し合いましょう

❷ A君のグループには意見の言える子、あそびが上手な子などリードできる子を入れ、リーダーにする。
❸ 先生はそれぞれのグループが同じおもちゃを使うあそびに偏らないように話し合いに入る（おもちゃの数に限りがある場合）。

話し合う力、協力する力が育つ

感情や行動を抑えられない

お友だちと楽しいあそびをかんがえよう！

ができるようになろう

A君のグループへの支援

❶たとえばA君のグループが、①砂場で山や川などを作る、に決まった場合、「砂ほり」「水くみ」など役割も決めさせる。

あそびを発展、集中できる

❷2人組で役割を決める。

❸あそびのはじめは、A君はリーダーとなるB君と一緒の役割にするよう配慮する。

友だちとあそべる

Bくん、それいいね！楽しそう♪

じゃあ、BくんとAくんで水くみをしてCちゃんとDちゃんで砂ほりとかはどうかな？

砂場で山や川を作ってあそぼうよ！

衝動を抑えられない子

グループの友だちと園庭あそびができるようになろう

個別の支援

❶「A君はなにをしてあそびたいかな」など興味・関心がどこにあるか観察する。

❷グループが砂場あそびに決まった場合、「B君と一緒に川に水を流す役割。水くみの役割だね」と、することを伝える。

> あそび方がわかる

> Aくんは川に水を流す役割だね

❸「川ができたからB君と一緒にバケツで水を運んでくるといいね」などあそびの展開や発展を見計らいながら、A君がすることをうながす。

> あそびが発展する

❹「みんなで山を作って、トンネルもできた。川には水も流れている、すてきな町ができたね。A君もがんばったね」とグループの友だちと一緒に楽しくあそべ、グループから離れて行かなかったこともほめる。

> 友だちとあそべる

ワンポイントアドバイス♪

♪ 共に育つグループあそび

　自分だけではあそべない子がいます。外あそびでなにをしていいかがわからない、特定のあそび方しかしない、あそびを発展させられない、友だちのあそびが気になるなどの様子が見られる子どもは、園庭をうろうろしたり、友だちのあそびをじゃましたりすることがあります。

　年長児でこのような姿が見られる場合は、クラス全体や、グループでの集団の力によって、共に育ち合う保育を考えましょう。

♪ バリエーションが広がる

　駅ごっこ、ドッジボール、鬼ごっこなど他のグループのあそびを見学する、**あそびの見学会**をしてもいいですね。取り組み期間中はいろいろなあそびをして、あそび方のバリエーションを広げるようにしましょう。

準備するもの

砂場で使うスコップ、シャベル、バケツ、木切れなど。駅の名前を書くプレート、線路を書くもの、電車・バスなど乗り物を作る段ボールなど。ドッジボールコートを描くものなど、子どもの提案したあそびのグッズ

発達支援のポイント

生きる力を育む

　グループであそびを企画、実行するには、あそびイメージの共有・話し合う力・コミュニケーション力・協力心・妥協心など年長児として多くの力が求められ、A君のためだけではなくクラス全体の子どもたちの成長発達、生きる力の育成に役立つ保育になります。

衝動を抑えられない子

しゃべりたい気持ちが抑えられない

エピソード

①絵本の読み聞かせのときにしゃべり出すことが多い
②朝の会で1日のスケジュールを話しているときにしゃべり出す

しゃべりたい気持ちが抑えられない

絵本の読み聞かせのときにしゃべり出すことが多い　エピソード①

🍎 気になる子どもの姿

・絵本を読むとき、「絵本を読みます。しずかに聞きましょう」と話しても、読み始めるとしゃべり出す

🍎 なんでかな？

・絵本を見て、しゃべりたい気持ちが抑えられない
・話してはいけないことがわからない
・絵本に興味が持てない

衝動を抑えられない子

絵本の読み聞かせのあいだ、

クラス環境の整え

❶先生の後ろには、カーテンやつい立てなどで視覚刺激に左右されない環境を設定し、集中できるようにする。
❷集中しにくい子の席は前にするなど、**全員のイスを置く場所を決めておく。**
❸しゃべり出す子やちょっかいをかける子の席は近くにしない。
❹A君が集中しやすい本をえらんでおく。

《前日の支援》

クラスみんなへの支援

❶お帰りのときに明日の予告をする。「明日からみんなの好きな本を"リクエスト絵本"として読みます、今週はウサギグループさんから始めます。はじめはA君のリクエストです。みんなも順番に回ってくるから考えておいてね」「今までは好きなところに座っていたけど、席も決めるので明日のお楽しみです」と伝える。

個別の支援

❶A君に「**明日読む本を先生と一緒に決めよう**」と、A君が集中できそうな好きな本を決める。
❷明日絵本を読む前に、「ぼくがえらんだ絵本です。しずかに聞いてください」とみんなに話してね、と伝える。

しゃべりたい気持ちが抑えられない

しゃべらずに聞けるようになろう

> リクエスト絵本を読んでもらうと夢中になっちゃうなー

――――《当日の支援》

クラスみんなへの支援

❶「決まっている席のところにイスを持ってきて座ります」「絵本を聞いているときに、おしゃべりするとみんなが聞こえなくなるので、お約束をします。それは"**先生が絵本を読んでいるあいだはしゃべりません**"です」「お話のあとにみんなの話したいことを聞くので、先生が絵本を読んでいるときはしずかに聞きましょう」と伝え、始める。

> しゃべらない約束を守る

❷ 話している途中に話し始める子がいたら"**しずかにカード**"をサッと出し、話を続ける。

> 約束に気づかせる

- Aくん リクエスト絵本はなにがいいかな？
- これがいい♪
- うん、この絵本にしようね♪
- 先生が読んでいるときは静かに聞いてね お話ししたいときは、読み終わったあとに聞くからね

衝動を抑えられない子

絵本の読み聞かせのあいだ、しゃべらずに聞けるようになろう

❸ 絵本を読み終えたら「これでおしまいです。お話ししたい人は手をあげてください」と意見や感想を言うお話しタイムに入る。
❹「今日はしずかに絵本を聞けて、とてもよかったです」とクラス全体の子どもたちをほめる。

個別の支援

❶ 事前に「A君の席は絵本がよく見えるところに決めたので、そこに座りましょう」「昨日決めたリクエスト絵本を読むからね」と話す。 〔自分がえらんだ本だから興味あり〕

❷「この本を先生が読むときはしずかに聞いてね」「お話ししたいことは、読み終わってから聞くからね」と伝えておく。

❸「ぼくがえらんだ絵本です。しずかに聞いてください」とみんなの前で話すようにうながす。 〔自己コントロール〕
絵本を読んでいる途中でしゃべりだしたら"しずかにカード"をサッと見せ、そのまま読み続ける(声をかけない)。

> えほんのおやくそく
> せんせいが えほんを
> よんでいるあいだは
> しゃべりません。
> (しずかに)

❹ しゃべらずに聞けたら、「A君、今日は最後までしずかに聞けたね。スゴーイ!」とほめる。

ワンポイントアドバイス♪

♪ あとでしゃべれることを保障する
絵本の途中で内容について質問をするとしゃべり出すきっかけとなるので、最後まで読んでから質問や感想を述べさせるようにしましょう。

♪ 見せて気づかせる
しゃべらない約束をしても衝動的にしゃべってしまうこともあります。そのときは「Ａ君、しずかに」などと口頭で注意をするのではなく、"しずかにカード"などを見せて気づかせる方法が、プライドを傷つけず**おしゃべりを誘発させない**でしょう。

♪ 役割が自己抑制に
特にしゃべりたい気持ちが抑えられない場合やしゃべってはいけないことを忘れてしまう場合、「ぼくがえらんだ本です。しずかに聞いてください」とみんなに伝えることによって、自己コントロールの気持ちが芽生えます。

本に興味が持てない子も、自分がえらんだ絵本なので、集中して見ることができます。

♪ 臨場感のある、子どもを引きつける読み方で
保育者の読み方が子どもの集中力に影響することもあります。

淡々と読むのではなく、小さい声や大きい声、低い声、高い声、はやく、ゆっくり、など臨場感のある読み方が子どもを引きつけます。

衝動を抑えられない子

✂ 準備するもの

A君と相談して決めたリクエスト絵本1週間分（5冊）、しずかにカード、「えほんを よんでいる あいだは しゃべりません」の約束表、イスを置くための床にはるビニールテープなど

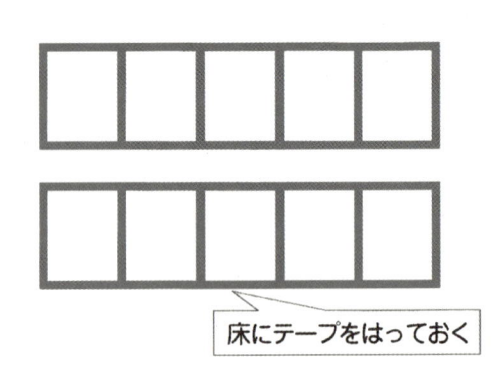

しずかに

床にテープをはっておく

🔔 発達支援のポイント

絵本えらびはいろいろな角度から考えよう

　絵本の選定によっても子どもたちが集中しない場合があります。クラスの人数が多く、絵本が小さいと、よく見えないので後ろや横に座っている子たちが集中せず、クラス全体が崩れてしまうことがあります。また、内容がイメージしにくい、因果関係が複雑で理解しにくい、文章が長い絵本などは、どの子も集中がとぎれやすいようです。

しゃべりたい気持ちが抑えられない

朝の会で1日のスケジュールを話しているときにしゃべり出す

エピソード ②

気になる子どもの姿

・朝の会で、「先生が1日のスケジュールを話しているときは、しずかにします」と言っても、途中でしゃべり出してしまう

なんでかな？

・しゃべりたい気持ちが抑えられない
・しゃべってはいけないことを忘れる
・スケジュール表に書かれていることや先生の話など、刺激を取りこんでしまう

衝動を抑えられない子

朝の会で、先生の話をしゃべらず

クラス環境の整え

❶ 1日のスケジュール表を掲示する。
❷ 先生の目が届くような形態にイスを並べる線を床に引いておく。

クラスみんなへの支援

❶ 並び順は子どもどうしが刺激し合わないようにする。
❷ 他の気になる子やA君と同じような特性の子は、A君の席から離す。
❸ 「朝の会をするので並び順に線のところにイスを持ってきて座ります」と伝え、誘導する。
❹ 「今から今日1日のスケジュール（すること）を話します。先生が話しているあいだはおしゃべりしません。質問したいことがあったら、あとで質問タイムがあるので、それまでしずかに聞きましょう」と約束カードとスケジュール表を見せながら話す。

> やくそく
> ＊せんせいがはなしているあいだ
> 　はしゃべらない
> ＊しつもんは、あとでする

（しゃべらない約束を忘れない）

❺ 「がんばっていてもしゃべらないことを忘れてしまうことがあるので、そのときは先生が"しずかにカード"を見せるので、見たら黙って聞いてね」と伝える。
❻ できたら「みんなしずかに聞けてすばらしいです」と大いにほめる。

に聞けるようになろう

"しずかにカード"でがんばる！

個別の支援

❶ A君の席は先生の前にする。
❷ 事前に座る場所を教えておく。
❸ 「1日のスケジュールをお話しするあいだは、すぐ終わるからしゃべらずに聞きます。先生のお話が終わったら質問できます。時間になったらがんばってね」と話す。　あとで話せる
❹ 朝の会が始まる前に「一度先生と練習をしましょう」と言って、練習をする。しゃべらなかったら「その調子です」とほめる。
❺ 「しゃべってしまったら、先生が"しずかにカード"を出します。カードを見たら、また黙って聞いてね」と伝える。　気づかせる
❻ できたら大いにほめて終わる。

今から、今日することを話します。先生が話しているあいだはおしゃべりしません

質問したいことがあったらあとで質問タイムがあるのでそれまで静かに聞きましょう

きょうすること
やくそく

衝動を抑えられない子

ワンポイントアドバイス♪

♪ クラス全体が落ち着く支援を

　人の話や見たものなどにすぐ反応し、しゃべり出す子どもは珍しくありません。注意をすればおさまることが多いのですが、なかには保育者が話し出すとすぐ反応してしゃべり出し、止めどなくしゃべり続ける子がいます。

　1人がしゃべり出すと他の子も連鎖的にしゃべり出し、クラスが騒然となりやすいのです。さらに、クラス全体が騒々しく落ち着いていないと、保育者が話した内容を十分に聞いていないので、次の行動に困ってうろうろしている姿をよく見かけます。

　まずは"やくそく"をして、しずかに聞く体験を重ねましょう。**しゃべらせるときとしずかにさせるときの規律を明確にすることが大切です**。

♪ 気づかせる

　衝動的にしゃべってしまう子に、最初から「しゃべらない」は厳しいですが、「"しずかにカード"を見たら黙ります」からスモールステップで支援すると身についてきます。**わかっていても、ついしゃべってしまう子には、「カードを見たら黙る」からスタート**しましょう。

　同時にクラスの約束として、①先生が話しているときはしゃべりません、②あとから質問できます、を入れると、クラスの他の子どもたちもしずかになります。

♪ しずかに聞かせたいときは、おしゃべりを誘発しない

　朝の会で"今日すること（スケジュール）"を伝えるだけであれば、1分以内で終えることができます。

　しかし、保育者のなかには、**話が長すぎる場合があります**。話が長いかな？と思ったときは、**タイマーでしゃべっている時間をはかってみる**

とよいでしょう。また、「今日の予定は、①すきなあそび、②プールあそび、③きゅうしょく、④おひるね、⑤すきなあそび、⑥おやつ、⑦おかえりです。プールあそびで、みんなはどんなあそびをするのかな？」などと問いかけてしまい、**子どものしゃべりを誘発してしまうことがある**ので、保育者は話し方にも気をつけましょう。

準備するもの

スケジュール表、しずかにカード、床にはるビニールなどのテープ

発達支援のポイント

「障害？」と考える前に、「発達のスピード？」

　人は生まれてから死に至るまで変化し続けます。２歳児は「ひよこのケージを開けたようだ」とたとえられるように、どの子も多動児だと言われます。

　子どもは歩く・走るなどのスピードや探索行動もまちまちです。保育者が「ここに並んでほしいな」と思っても、どこかに行ってしまう子もいます。

　年長児になると、子どもの多動は少しずつおさまり、いろいろな理解もできるようになり、保育者が「ここに１列になって並びます」と指示するだけで、サッと集合できるようになります。しかし、なかには多動・不注意傾向がおさまらず動いている子がいます。

　保育者は「年長さんなのに…」と気になるようですが、この子も小学校３年生くらいになりますと、身体のどこかは動いているけれど、元気でおおむねみんなと同じような行動がとれる姿が見られます。「年長さんなのに」とひとくくりで考えないようにしましょう。

見聞きしたことをうまく理解できない子

先生の指示がわからない、おぼえていられない

ハサミと
のりと
クレパスを
持ってきてください

エピソード

①片づけができず、うろうろしている
②持ってくるものがわからない、持ってくるものを
　おぼえていられない

先生の指示がわからない、おぼえていられない

片づけができず、うろうろしている

エピソード①

🍎 気になる子どもの姿

・「あそびは終わりです。片づけましょう」と伝えても片づけられない

🍎 なんでかな？

・なにを片づけたらいいか、わからない
・どこに片づけたらいいか、わからない
・いつまでに片づけたらいいか、わからない

見聞きしたことをうまく理解できない子

片づけの音楽が終わるまでに、決められ

クラス環境の整え

① 片づけの時間を入れた1日のスケジュールを掲示する。
② 片づけの時間には"お片づけ"の歌が流れるようにセットする。
③ おもちゃは分別して収納する。
④ 片づける場所がわかるように整理し、絵や図をはっておく。

クラスみんなへの支援

① 朝の会で、「今日からお片づけのとき、グループで片づけます。今週はウサギグループさんは積み木、カメグループさんはブロック、ネコグループさんはままごとの道具です」「係は1週間ごとに変わっていきます」と伝える。 〔片づける物をはっきりさせる〕

② 「音楽が鳴ってから止まるまでのあいだに片づけます。みんなで楽しくお片づけしましょうね」と子ども 〔いつまでに片づけるか〕

先生の指示がわからない、おぼえていられない

たおもちゃを片づけられるようになろう

音楽にあわせて片づけ、楽しいな〜

たちに伝えておく。
❸片づけの時間になったら、決めてあったグループでおもちゃを片づけているか確認する。
❹全体をほめ、グループごとにごほうびシールをため、週末にさらにほめるようにする。

個別の支援

❶朝の会でクラス全体に話した片づけ方法（グループで片づける、時間になったら音楽が鳴るなど）の話をA君に具体的に話す。
❷「A君はカメグループさんだから1週間はブロック片づけ係です」「MちゃんやY君と一緒に片づけようね」と伝える。
❸片づけの時間になり音楽が流れてもA君がぼんやり、うろうろするようであれば「A君はブロック係さん、ブロックの入れ物に入れよう」と言ってブロックを持たせ片づけをうながす。

なにを片づけるか
どこに片づけるか

❹MちゃんやY君にA君を誘ってもらう。
❺「A君、ブロック片づけたね」とほめる。

ワンポイントアドバイス♪

♪ 一定のおもちゃ片づけが定着したら、変えてみる
　２週間くらいで定着すると思いますが、次の週にはグループで片づけるおもちゃを変えて、子どもの様子を見ましょう。

♪ あそんだおもちゃ全部を片づけるのは難しい
　巡回に行くと、保育者から「『自分があそんだおもちゃを片づけましょう』と話していますが、いろいろなおもちゃであそんだ子どもが、片づけるときあそんだおもちゃを忘れてしまい、他の子どもから『先生、A君は○、△、◇、□であそんだのに○しか片づけない』と言われて、困った」と相談されることがあります。そのような場合、グループで片づけるなどのルールを決めるとトラブルが起こりません。

♪ サボっている子にも有効
　クラスには、A君のように片づける力が育っていない子がいる一方、片づける力があるのにサボって部屋を歩き回る子もいます。そのような子にもグループで片づける方法は有効です。

♪ 時間で活動のはじめとおわりがわかるように
　片づけの時間になっても気づかない子はたくさんいます。「○時から△時は片づけ」など、活動のはじまりとおわりを明確にすることが大切です。

準備するもの

音楽、１日のスケジュールカード、グループの片づけ担当表

先生の指示がわからない、おぼえていられない

持ってくるものがわからない、持ってくるものをおぼえていられない

エピソード 2

気になる子どもの姿

・制作のとき、「お道具箱からハサミとのりとクレパスを持ってきてください」と言っても、3つ持ってくることができない。1つだけ持ってきたり、ちがうものを持ってきたりすることがある

なんでかな？

・ハサミ、のり、クレパスがどれなのか、わからない
・3つのものを覚えていられない
・聞くだけでは先生の指示が理解できない
・友だちの動きに気を取られる

先生が「○○持ってきて」と言った

クラス環境の整え

❶ 子どものお道具箱のなかの整理整頓を定期的に行い、物が重なったりせず、取り出しやすいように整えておく。

クラスみんなへの支援

❶「今からハサミとのりとクレパスを持ってきます」「ロッカーのところで友だちとぶつかったりするので、グループで取りに行きます」と全体に声をかける。

> 友だちの動きに気を取られにくい

❷「うさぎグループさんとかめグループさん取ってきてください」などと2グループで取りに行かせる。

❸「ハサミありますか」「のりありますか」「クレパスありますか」などと、みんなそろっているか確認する。

> 今から、ハサミとのりとクレパスを持ってきます

> グループで取りに行きます
> うさぎグループさん
> かめグループさん
> 取りに行ってください

先生の指示がわからない、おぼえていられない

なにを持っていけばいいのかなぁ？

物を持ってこれるようになろう

個別の支援

❶ A君に「ハサミとのりとクレパスを持ってきてね」「A君はかめグループだから最初に行きます」と話す。

> Aくん
> ハサミと のりと
> クレパスを
> 持ってきてね

> Aくんは
> かめグループだから
> 最初に行くんだよ

はさみ…と
のり…と
くれぱす…

❷ わからない様子だったら、ハサミ、のり、クレパスの写真カードを見せて、同じ物を持ってくるようにうながす。

なにを持ってくるか見てわかる

ワンポイントアドバイス♪

♪ 物の名前がわからない？

　先生が指定した複数の物を持ってこれない子のなかには、物の名前と物がマッチングできない場合があります。そのようなときは写真カードを準備すると「あのカードに描かれている物と一緒だな」とわかります。

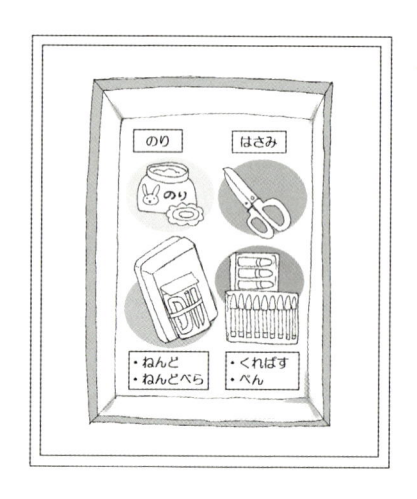

♪ 1指示1行動で

　わかりにくい子の場合は、最初は「ハサミを持ってきてください」、持ってきたら「次はのりを持ってきます」「最後に、クレパスを持ってきます」と、1指示1行動にします。

♪ 刺激を避ける

　一斉にロッカーに取りに行くと子どもの動きや、ざわざわした刺激によってなにを取りに行くか忘れてしまう子がいます。そこで、少人数にすることを提案しています。「うさぎグループさんどうぞ」「女の子どうぞ」などと、ぶつかり合わないように声かけをします。

♪ なにに困っているかを探り出す

　2週間で5回くらい実践してみると、物の名前がわからないのか、物

の名前はわかるけれどおぼえていられないのか、他に課題があるのかがわかります。本人の特性に合わせた支援への手がかりが得られます。

その他のケース

「今からお外であそびます、帽子をかぶって、水筒を持って、靴箱の前に集まります」など複数の行動が組み合わさることや、他の子も一斉に動くことで、そのとおりの行動ができない子がいます。その場合、スモールステップとして1指示1行動からスタートするとよいでしょう。

準備するもの

持ってくるものの写真（絵）カード

発達支援のポイント

わかっているのにやらない？ わからないからやれない？①

「〜しましょう」と言ってもしなくて困っています、という相談を受けます。その場合、まず、指示が**わかっているのにやらない**のか、**わからないからやれない**のかを見きわめることが大切です。

わからないからやれないのであれば、詳細に観察して、なぜできないのかを探りあてます。

たとえば「クレパス、ハサミ、のりをロッカーから持ってきましょう」と言われ、持ってくることができないのであれば、①クレパス、ハサミ、のりの名称と実物が同じものであるかどうかがわかっているか（認知）、②聞くだけでは忘れてしまっていないか（聴覚記憶・複数物の記憶保持）、などの背景が見えてきます。

見聞きしたことをうまく理解できない子

「なにをするのか」がわからない

いらっしゃいませ～

?
…

エピソード

①お店屋さんごっこが始まってもあそびに入れない
②好きなあそびをしなかったり、次々と移っていく

「なにをするのか」がわからない

お店屋さんごっこが始まっても、あそびに入れない

エピソード①

🍎 気になる子どもの姿

- ごっこあそびのなかに入れず、他の子のあそびを見ていたり、その場からいなくなったりする

🍎 なんでかな？

- ごっこあそびのあそび方がわからない
- どのような役割をしていいか、わからない
- 役割のシナリオ（ふるまい方）がわからない

赤いお花を1本
くださーい

あそこで
ケーキ屋さんに
なろう～

…

お店屋さんごっこで買い物する

クラス環境の整え

❶お店の種類をいくつか考え、そのお店に見合った環境や物を準備しておく。たとえばケーキ屋さんの看板やケーキ、お皿やフォークなど。花屋さんのバケツやいくつかの種類の花や花瓶、お客の財布やバッグなどをコーナーに置き、子どもがイメージしやすいようにする。

クラスみんなへの支援

❶先生は「ケーキ屋さんとお花屋さんをします。お店屋さん（売る人）とお客さん（買う人）を決めます。したい人は手をあげてください」と伝える。
❷個人の希望やグループによって役割を決める。
❸A君はお客さんにする。また、A君の他にモデルになる子も決めておく。
❹クラスのみんなからお店屋さん、お客さんの話し方（コミュニケーションの取り方）やふるまい方の意見を聞き、必要に応じてロールプレイする。

（ごっこあそびのあそび方がわかる）

（ロールプレイの例）
お店屋さん「こんにちは、いらっしゃい、どのケーキにしますか？」
お客さん「いちごのケーキください」
お店屋さん「いくつですか？」
お客さん「2つください」
お店屋さん「500円です」とケーキを箱に入れて渡す

（言い方がわかる）

「なにをするのか」がわからない

人の役ができるようになろう

ケーキ屋さんがいいな〜

お客さん「はい500円」と財布から500円を出す
お店屋さん「ありがとうございました」
お客さん　家に帰ってお皿にケーキを入れ食べるまねをする。「おいしかった」と言う

　このようなシナリオを子どもの見えるところにはっておき、子どもが必要なときに見られるようにしておく。

役割のふるまい方がわかる

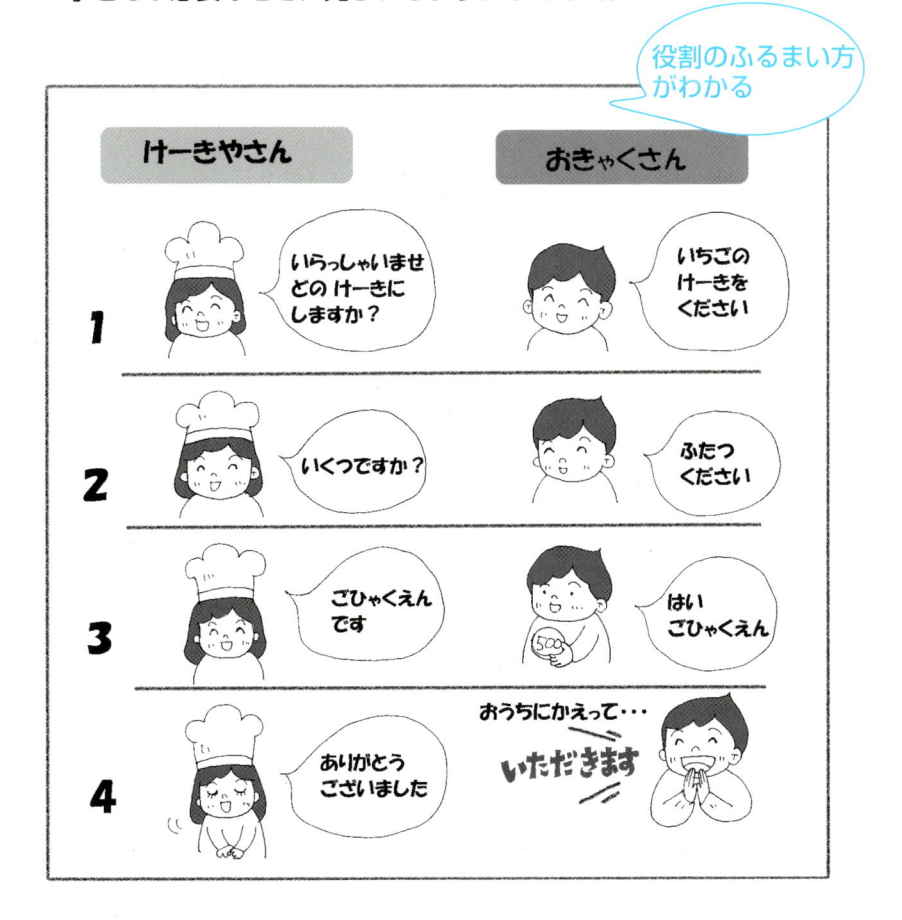

	けーきやさん	おきゃくさん
1	いらっしゃいませ どのけーきにしますか？	いちごのけーきをください
2	いくつですか？	ふたつください
3	ごひゃくえんです	はい ごひゃくえん
4	ありがとうございました	おうちにかえって… いただきます

見聞きしたことをうまく理解できない子

お店屋さんごっこで買い物する人の役ができるようになろう

個別の支援

❶「A君はお客さんだから、なんのケーキを買うか決めておこうね」と話す。

❷はじめは先生と一緒に行い、次第に支援を引いて、シナリオを見て、自分でできるようにする。

❸言い方やふるまい方を自分で考えたりできるように援助する。

ワンポイントアドバイス♪

♪ 制作あそびからごっこあそびへ
　制作あそびをして、粘土や色紙でケーキやお花を作り、それを発展させて、「みんながすてきに作ってくれたケーキやお花で、お店屋さんごっこしようね」などと展開させるのもすてきな保育ですね。

♪ シナリオどおりにして自信をつける
　ごっこあそびのはじめは、比較的簡単なお客さん（買い手）の役割を知り、その役割をシナリオどおりにできるようにして自信をつけます。本人が考えた言葉かけやふるまいも取り上げ、いろいろな方法があることも伝えましょう。次にはお店屋さん（売り手）になって両方の役割で楽しめるようにしましょう。

♪ "まね"から入るごっこあそび
　いろいろな経験や、テレビなどで視聴したことなどが、ごっこあそびとして発展していくのですが、そういった経験からあそびをイメージできる子とそうでない子がいます。

　相手とのやりとり（コミュニケーション）とその役割を理解し、ふるまいを求められるごっこあそびは、言語やコミュニケーションに課題のある子どもには少々難しいあそびです。その場にいて、並行あそびをしている子も見られますが、ごっこあそびの本質から言えば"参加"しているとは言いがたい場合があります。

　しかし、"まね"から参加できるようになることも多いので、言い方や、ふるまい方などを教えて参加できるようにしましょう。そして、バリエーションを増やしていきましょう。

✂ 準備するもの

ケーキ屋さんの看板、ケーキを並べる台、いろいろな種類のケーキ、お皿やフォーク、花屋さんの看板、花を並べる台、バケツ、いろいろな種類の花、花瓶、お客さん用の財布やバッグ

🐻 その他のケース

・レストランごっこ
・おうちごっこ

「なにをするのか」がわからない

好きなあそびをしなかったり、次々と移っていく

エピソード ②

気になる子どもの姿

・「今からお部屋であそびましょう」と伝えても、1つのあそびでじっくりあそぶこともなく、なにもせずうろうろしていたりする

なんでかな？

・なにをしたらいいか、わからない
・あそびたい気持ちがない（あそびに興味が持てない）
・おもちゃの使い方がわからない

見聞きしたことをうまく理解できない子

先生と一緒にいろいろなあそびを体験

クラス環境の整え

❶したいことを見つけられる環境をつくる。
　ブロックコーナー、ままごとコーナー、絵本コーナー、折り紙コーナー、空き段ボール箱コーナーなどを作り、なにをするところか理解できるようにする。

❷興味のあるおもちゃや絵本を各コーナーにそろえる。

❸保育室に先生があそばせたい物を作り、興味が持てるようにしておく。たとえば、段ボールでブロックを作っておき、子どももすぐに作れるよう近くに段ボールを置いておく。

クラスみんなへの支援

❶自由あそびのとき、子どもが段ボールでロボット作りを始めたら、先生も一緒に作り、あそびを発展させる。

「なにをするのか」がわからない

し、集中してあそべるようになろう

> 今日はロボット作りだ、やった〜！

個別の支援

❶ 子どもが園に来たらなにを見ているか、さわっているか、いつも誰といるかを観察し、興味を持っている物を見つけ、そこからあそびを発展させる支援をする。特定のキャラクターに興味があれば先生と一緒にぬり絵などをしてもよい。〔興味を探る〕

❷ ブロックコーナー、ままごとコーナー、絵本コーナーなどに先生と一緒に行き、1つひとつあそび方を教えて、あそんでみる。興味のあるところで先生がリードして楽しくあそぶ工夫をする。これらの支援で集中できない場合、先生と一緒に友だちのあそびに合流する。〔おもちゃの使い方を教える〕〔あそび方を教える〕

❸ 友だちが作っているロボットを見せて「A君も先生と一緒にロボットの顔を作ろう」「目や口をマジックで描こうか」と誘う。

❹ 時間になったら「続きは明日しようね」「今日は目と口が描けてすてきなロボットができそうだね」と次に楽しみを持たせる。

> Cちゃんたちはアイスクリーム屋さんごっこをしているね〜

> B君たちが電車ごっこをしているね先生と一緒に見に行こうか♪

> ワンポイントアドバイス♪

♪ "あそびたいスイッチ"をオンにする

　子どもは自らあそびをえらんで楽しむことができるとよいと思いますが、クラスのなかには、なにをしてあそべばよいのかわからない子どももいます。このようなタイプの子どもには、**先生と個別で楽しくあそぶ体験**によって、"楽しい、もっとやりたい"気持ちになる"あそびたいスイッチ"をオンにします。

　あそべない子には、まずは先生と一緒に楽しくあそぶことから始めましょう。

♪ あそびによって発達レベルがわかる

　子どもはあそびによって発達すると言われ、子どもの生活のなかであそびは重要な位置を占めます。子どもの"自らえらんだあそび"をよく観察すると、その子の心身の発達レベルがよくわかります。たとえば、自分のクラスではなにもせずにいたり、1つのあそびでじっくりあそぶこともない年長児が、いつの間にか年少組や赤ちゃん組のお部屋で楽しくあそんでいる姿が見られることがあります。

　その場合、現在の発達がその子どもたちとあそんだ方が楽しいレベルととらえて、おもちゃの工夫や声かけなどわかりやすい対応に変えると年長児クラスでも過ごしやすいでしょう。

♪ プライドを大切に

　また、小さい子どもたちのなかでは、年長児さんはお兄ちゃん・お姉ちゃん扱いをしてもらえるので、子どもの自尊感情が上がることも考えられます。

　1人ひとりの子どものプライドを大切にし、あそび方を伝えていきましょう。

その他のケース

他にも、ごっこあそびで店長さんやお客さんになったり、個別に絵本を読んだりなどでも、あそびを発展させる工夫をする。

準備するもの

ブロックコーナー、ままごとコーナー、絵本コーナー、折り紙コーナーなどに使うもの、段ボール・紙パックなど日常に使える素材、幼い子があそぶおもちゃ

発達支援のポイント

わかっているのにやらない？ わからないからやれない？②

わかっているのにやらないのであれば、「やる気スイッチが入らない」のかもしれません。その場合「やる気スイッチが入るためにはどうするか」を考えます。

子どもは、得意なことや興味のあることを支援のなかに入れると、「やる気スイッチ」が入りやすく、行動がスムーズにできるようになります。

たとえば、朝の会が始まる前の集合が遅いのであれば、「集合のベル係」に任命します。「ベル係は誰よりも早くきて、ベルを鳴らします」を約束にしておくと、1番に集合できるようになります。

見聞きしたことをうまく理解できない子

制作や描画が苦手

エピソード

①ハサミをうまく使えない
②顔の絵が描けない

制作や描画が苦手

ハサミをうまく使えない　エピソード①

🍎 気になる子どもの姿

・ハサミを使って直線切りをするとき、線にそって切れない

🍎 なんでかな？

・右手と左手の協応動作がうまくいかない
・目と手の協応動作がうまくいかない
・ハサミを使う経験が少ない

発表会で使う紙吹雪をたくさん作って、

クラス環境の整え

❶ 一時的に"紙切りコーナー"を作り、紙吹雪用に1回で切れる短冊（線の引いてある物と引いてない物）をたくさん準備する。

クラスみんなへの支援

❶「今日から毎日、朝の会が終わってから紙吹雪作りをすることになりました。紙吹雪は発表会で使います。紙吹雪を作るための紙は、線の引いてあるものやないものがありますが、好きな方を切っていいです」と伝える。

> たくさん紙を切る目的がわかる

①自由な1回切り　　②線を意識して切る練習

❷ 左利きの子がいたら、左手用のハサミを準備する。
❸ 毎日、一定時間取り組み、経験を積ませる。
❹ 手あそび、粘土あそびなど、手指を積極的に使うような保育も取り入れる。

> ハサミを使う機会を増やす

制作や描画が苦手

チョキ、チョキ、チョキ〜

線にそって1回切りができるようになろう

個別の支援

❶ はじめは線のない短冊を切らせ、**ハサミの使い方に慣れるように、体験をたくさん積む**。左手でしっかり紙を持たせ、よく見て1回で切るように**手をそえて教える**。

右手左手の使い方、目と手の使い方の支援

　左手で紙を固定できないときは、机の上に置かせたり、先生が支えて、切る支援をする。

❷「1回で切れたね、紙吹雪たくさん作ろうね」などとやる気スイッチが入るようにする。

❸ 次に直線の書いてある短冊を見せて、「**ここから切るよ**」などと手を持って切り方を教える。「ハーイ、はさんでチョキ！」と切るタイミングを教える。

❹ 上手に切れたら「A君、すごいね」とハイタッチなどでほめる。

紙吹雪
たくさん
作ろうね♪

ここから切るよ

見聞きしたことをうまく理解できない子

ワンポイントアドバイス♪

♪ハサミの使い方を教え、体験を増やす

　両手、目などの協応動作がうまくいかない子のなかには、ハサミを使う経験が少ない子どもがいます。ハサミを使うのが苦手で使いたがらない、園生活のなかでハサミを使う機会が少ない、などが考えられます。

　ハサミの使い方をていねいに教え、経験を増やすことでハサミを器用に使えるようになる子も多いので、クラス全体で一定期間**紙吹雪作り**など、自由に切れる体験をしましょう。

　線の入った短冊や紙は、**直線1回切り**・**直線2回切り**・**三角**・**四角**・**丸**など、段階に応じて取り組めるような準備をするといいですね。

> たくさんできたね！
> 発表会のときに使おうね♪

その他のケース

七夕の貝飾りや提灯

準備するもの

ハサミ、線のない短冊、直線が引いてある短冊

制作や描画が苦手

顔の絵が描けない
エピソード 2

🍎 気になる子どもの姿

・「今日はお友だちのお顔を描きましょう」とお絵描きを始めると、A君は部屋から出ていくことが多い

🍎 なんでかな？

・顔のイメージがつかめない
・どのように描いていいかがわからない
・手伝ってもらい方がわからない
・体験が少ない

見聞きしたことをうまく理解できない子

友だちの顔を描け

クラス環境の整え

① クラスの壁などに大きな紙をはり、自由にいつでも絵の描ける状態にする。
② 福笑いなど顔に関するおもちゃであそべるようにする。

クラスみんなへの支援

①「もうすぐ、保育園参観日です。おうちの人たちがみんなが楽しくあそんだりしているか見に来る日です。そのとき、おうちの人たちに見てもらえるように、今日はお友だちのお顔を描きましょう」とモチベーションを上げるような話をする。

> モチベーションを上げて、描きたい気持ちにする

制作や描画が苦手

へたでもいいんだよ〜

るようになろう

❷「自分のお顔であてっこあそび」

「顔には何があるかな？」と言いながら子どもたちに質問する。「眉毛、目、鼻、口、耳、髪の毛があるね。自分の顔をさわってみましょう」「では、口をさわってください」などと言って子どもが自分の口をさわれるかどうか確認する。

このようにしてすべての顔のパーツがわかっているかどうか、クラス全員で「あてっこゲーム」などとネーミングして遊ぶ。わかりにくい子には鏡を見せて教える。

先生は、どの子がわかっていないか把握する。

お顔には
なにがあるかな？？

口をさわって
みましょう

Aくん、
わかりにくい
みたい……

友だちの顔を描け

❸「福笑いゲーム」

「福笑いゲームをします」と言って、眉毛、目、鼻、口、耳を置くゲームをする。1人ひとり行い観察し、できない子には正しい位置に置けるように支援する。モデルを見せたら「グループであそびましょう」など、子どもたちのあそびに発展させる。

❹「絵描き歌あそび」

「絵描き歌でお友だちの顔を描きます」と言って、先生が歌いながら描く。先生のまねをしてクラス全員が自分の画用紙に描く。

絵描き歌

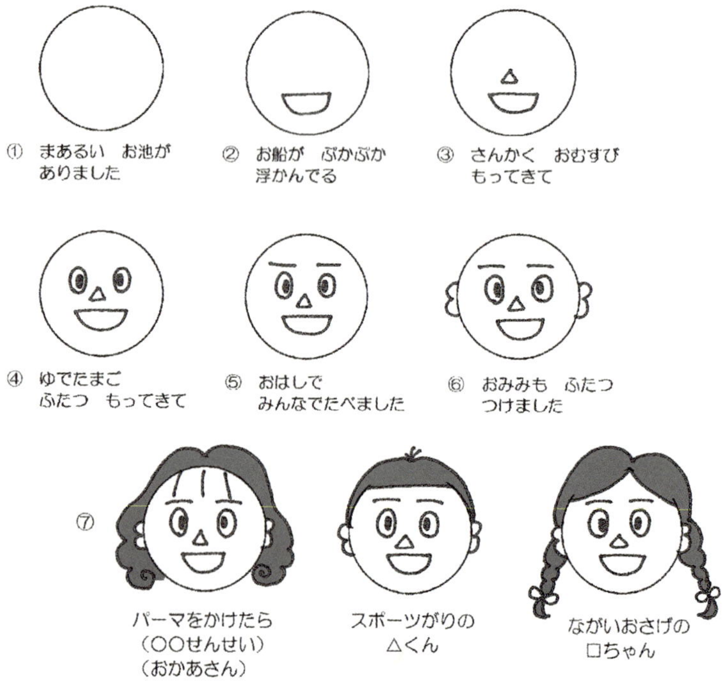

① まあるい お池が ありました
② お船が ぷかぷか 浮かんでる
③ さんかく おむすび もってきて
④ ゆでたまご ふたつ もってきて
⑤ おはしで みんなでたべました
⑥ おみみも ふたつ つけました
⑦ パーマをかけたら (○○せんせい) (おかあさん)
　スポーツがりの △くん
　ながいおさげの □ちゃん

制作や描画が苦手

るようになろう

                                              描けなかったら、先生に手伝ってもらおう〜

❺ 始める前に「描けない子は『先生、手伝って』と言えば先生が手伝います」「前にはってある絵描き歌のお手本を見てもいいです」と絵描き歌の工程表を示し、伝える。　　　　　　　　　　　「手伝って」と言える

❻「なん回描いても、他の人の顔を描いてもいいよ」と自由な活動へと発展させる。

個別の支援

❶「自分のお顔であてっこあそび」では鏡を見せながら指で指すような支援をし、「A君の鼻だね、先生の鼻もさわってもいいよ」と位置確認をする。

❷「福笑いゲーム」で目や鼻など顔のパーツが置けないときは、正しい位置に置けるように手伝う。グループで、他の友だちと一緒にゲームを楽しむようにする。　　　　　　　　　　　　　顔のイメージをつかむ

❸「絵描き歌あそび」では、歌の手順どおりにゆっくり描くように援助する。描けないときは手を取って100%〜90%支援をする。ときどき、絵描き歌の工程表を見るようにうながす。　　　　　描き方がわかり大成功
「A君とても上手に描けたね。みんなと一緒に後ろにはっておこうね。お母さんが喜ぶよ。ヤッタネ！」とハイタッチをしてほめる。　　　　　　　　　　　　　　自尊心が高まる

❹ 自由画帳やクラスの壁にはった大きな紙に自由に描けるようにする。　　　　　　　　　　　　　　　　　経験を積む

ワンポイントアドバイス♪

♪ 雰囲気作りが大切

　はじめは一斉活動にして、あそび方や描き方をおぼえる工夫をします。慣れてきたら、画用紙、スケッチブック、クラスの壁にはってある大きな用紙などに描いてもいいようにし、へたでもいいんだと描くことに抵抗がない雰囲気作りをします。自由な発想を取り上げてもいいでしょう。

♪ 好きなものは描けても顔が描けない理由がある

　子どものなかには好きな自動車、電車などの絵を描くことがあっても（パターンで描いている子が多い）、顔や人物の絵が描けない子もいます。また、顔のパーツの名称がわからない、顔空間における目や鼻などの位置関係がわからない、表情が読めない、表情を表現できない、形が描けない、画用紙のどこから描き始めたらいいのかがわからない子もいます。

　それぞれの子どもの発達によって異なりますが、なにに困っているか要因を探りあて、あそびの要素を取り入れた支援を組み立てましょう。

♪ 自己肯定感の向上

　子どもは保育者や保護者に認めてもらいたい気持ちが強く、描けると自信が持てます。「自分もクラスのみんなと一緒に描けた」といった成功体験が自信につながり、次への成長発達のステップとなります。

✂ 準備するもの

壁などにはる大きな用紙、福笑い（グループ数）、鏡、画用紙、絵描き歌の工程表、クレパス・ペン・鉛筆など描く物

制作や描画が苦手

発達支援のポイント

わかっているのにやらない？ わからないからやれない？③

「お友だちを描きましょう」などの課題があっても描かない場合、目・鼻・口・眉・耳、両手足、首などがどこにあるかわからないこと（ボディイメージ）が要因かもしれません。

また、集中が途切れる、衝動的に動く、不器用、こだわりがある、人の気持ちがわかりにくいなどの特性を持っていて、やりたいのにやれないのかもしれません。

「できない」「やらない」といった表層的な判断だけでは本質的な支援ができず、さらに問題行動の悪化につながる恐れもあります。しっかりしたアセスメント力（目利き力＝観察力）が求められます。

こだわりの強い子

あそびや好きなことに
こだわる

エピソード

①自由にあそぶとき、いつも同じ積み木で同じ物を作り、あそびがパターン化している
②もっとあそんでいたいので片づけられない

あそびや好きなことにこだわる

自由にあそぶとき、いつも同じ積み木で同じ物を作り、あそびがパターン化している

エピソード①

気になる子どもの姿

・いつも同じブロックで同じ車を作り、1人であそんでいて、あそびが発展しない

なんでだろう？

・同じブロック、同じ車にこだわっている？
・他のおもちゃに興味が向かない
・他のおもちゃを操作できない
・イメージがわかない、他のものが作れない

こだわりの強い子

先生と一緒にあそびを発展させて

クラス環境の整え

❶ 先生が紙粘土やブロックで作ったいろいろな乗り物や人形、食べ物などを棚に並べる。また、いろいろな物の写真などを掲示し、子どもたちが興味を持てるようにしておく。

> 他のあそびやおもちゃにも興味を持たせる

クラスみんなへの支援

❶「今日は、車のことであそびます」と、車の絵本を読んだり、チラシなどでいろいろな車があることを知るように、一斉活動や自由あそびのときに知らせる。

❷ また、棚に置いた車を指して、「先生がいろいろな車を作ってみました。作りたい車があったら先生と一緒に作りましょう」と伝え、興味を持った子がいれば先生も一緒に作ってあそぶ。

❸「作ったものは棚に飾っておきましょう」と、名前を書いて飾る。

> 先生は車の本を作りました♪

くるまのほん

チラシの切り抜きを紙に貼った『くるまのほん』

あそびや好きなことにこだわる

いろんなあそびをたのしもう

いろんなのものであそべるようになろう

個別の支援

❶ クラスのみんなに説明した内容をＡ君がわかったか確認する。

❷ 先生は、Ａ君がいつものブロックでいつもの車を作っているところへ行き「すてきな車、先生にも作り方教えて」と言ってＡ君に作り方を教えてもらう。次に「ちょっと、このタイヤの色を変えてもいいかな……」と言いながら、Ａ君の抵抗がない程度に少し変えてみる。 〔パターンを変える〕

❸ 「車を走らせてみよう」「ガレージに入れよう」などと言って、ブロックで道路やガレージを作る。自由あそびの時間が過ぎ、片づけの時間になったら、「Ａ君、すっごく楽しかったね。また明日これであそぼうね、先生ここに飾っておくわ」などと言って、棚に飾る。 〔体験を中心にあそび方を教える〕

❹ Ａ君が少しでもちがう物を作ったら、先生は「すてき！」と言ってハイタッチをしたり、Ａ君の好きなシールをはる（シールが集まると車の形になる台紙などを作ってモチベーションを上げる）。

❺ 「Ａ君、先生は車の本を作りました」とチラシの切りぬきを紙にはった車の本をＡ君に見せる。 〔興味を持たせる〕

（ガレージに入れよう〜♪）

こだわりの強い子

ワンポイントアドバイス♪

♪ その子の好きなあそびに入っていく
　A君のあそびが車を目の前で動かすだけならば、先生は「道路を作って、車を走らせてみよう」と床にテープをはって道路に見立てて、一緒にあそびましょう。

♪ 先生と2人のあそびから3人へ
　先生と少し発展してあそべるようになったら、A君の好きなB君を「B君ここに来てトンネルを作って」と誘い、あそびを発展させ、先生はそばで見守ります。友だちとあそぶとバリエーションが広がります。

♪ 他のおもちゃや場面、他の子どもたちの好きなことも
　「車でスーパーに行こう」などと誘い、スーパーの建物を作ったり、売り物を並べたりして他のおもちゃの操作を覚えるよう支援します。
　また、他の子どもたちの希望にも応えられれば、子どもたちは「ぼくらの好きなあそびもしてもらえる」「自分の好きなことをクラスのテーマにしてもらえる」とイキイキします。

その他のケース α

　外あそびで、水をくむ・流すなど同じことを繰り返す子を見かけたら、先生は十分に水あそびをした頃合を見計らって子どもの世界に入り、砂でプリンや泥ダンゴを作って外あそびを発展させましょう。「プリンどうぞ」「ありがとう」と一緒に楽しむことから始め、あそび方を伝えます。

準備するもの

棚に並べる（飾る）先生の作った作品、車の写真など

あそびや好きなことにこだわる

もっとあそんでいたいので片づけられない
エピソード ②

🍎 気になる子どもの姿

・片づけのとき、あそびを終えることができず、いつまでもあそび続けている

🍎 なんでかな？

・あそびに夢中で、先生の「片づけです」の声が聞こえない
・もっとあそんでいたい
・作っているものが完成せず、終われない

こだわりの強い子

先生の声かけや片づけの音楽で、

クラス環境の整え

❶ 1日のスケジュールのなかに「片づけの時間」を入れる。
❷ 片づけの時間には"♪お片づけ♪"の歌が流れるようにセットする。
❸ おもちゃの場所は分別して収納する。どこに何が入っているかわかるようにおもちゃ入れに絵や図をはっておく。

クラスみんなへの支援

❶ 「片づけですよ」の声に気づけないことがあるので、片づけの時間には、"♪お片づけ♪"の歌が流れるようにセットする。

> 片づけの時間に気づく

❷ 片づけルールを作る。
朝の会で、「音楽が鳴ったら鳴り終わるまでにお片づけをします」「いったん片づけるけど、○時になったら、また好きなあそびができます。あそびを続けたい人は、使っているおもちゃを先生があずかるのであずかり棚のところへ持ってきてね」などの話をする。

> こだわって完成しなくても続きができる

(片づけルール)
①音楽が終わるまでに片づける
②次の好きなあそびの時間にも今のおもちゃが使いたい人は、先生と相談して「おもちゃあずかり棚」に名前を書いた旗を立てて置く

❸ 片づけをして、「みんなできれいに片づけられたね」とほめる。

あそびや好きなことにこだわる

おもちゃを片づけることができる

> みんなで一緒に片づけよう

個別の支援

❶「A君、○時になったら"♪お片づけ♪"の歌が流れるよ。一緒に片づけようね」と予告しておく。

❷音楽が鳴ってもA君が片づけない場合は「A君、今"♪お片づけ♪"の音楽がなっているよ」と気づかせる。 > 注意が向く

❸それでも片づけないときには「A君、今片づけても△時になったらまたこのあそびの続きを先生と一緒にしよう」「あの棚にB君のブロックも置いてあるよ」とモデルを見せて、「おもちゃあずかり棚にA君と書いた旗を立てて置いておこう」とうながす。 > 名前がかいてあるから安心

❹先生と一緒におもちゃをあずかり棚に置きに行く。できたらほめる。△時になったら先生とあそびを再開する。 > 続きを作れる

～おもちゃあずかり棚～

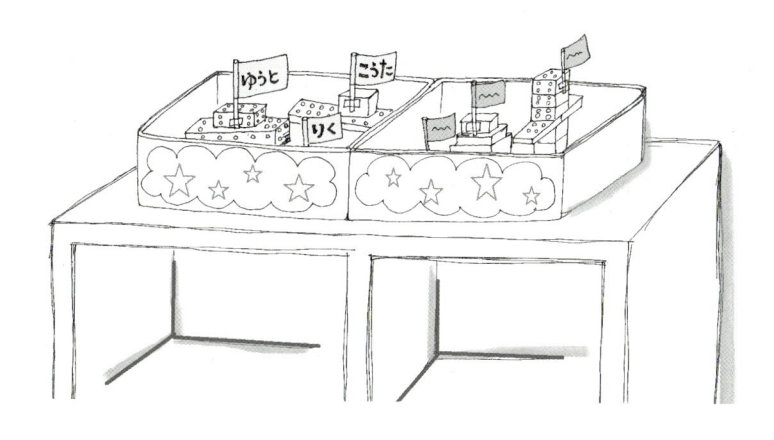

こだわりの強い子

ワンポイントアドバイス♪

🎵 気づけない
　子どもはあそびに夢中になっていると先生の声が聞こえないことがあるので、お片づけの歌を流して気づくような支援があるといいと思います。子どもたちが聞いて、気づける歌を選びましょう。
　歌が流れているあいだが、お片づけタイムです。

🎵 安心できる"あずかり棚"
　巡回指導のとき、ブロックで車を作っていた子が、途中で切り上げることに抵抗して片づけなかったのですが、先生が「あとタイヤを付けるのを○時になってから先生と一緒にしようね。A君と書いた旗を立ててあずかり棚に置いておこうね」と言うと、納得して片づけに入れたことがありました。

🎵「あとで、またできる」
　もっとあそんでいたい、あそびきれていない子どもでも、「今はみんなと片づけをするけど、"あずかり棚"に置いておけば、○時からはまた好きなあそびができる」といった見通しがあれば、いったんは終了することができます。
　○時になったらまたあそべる約束や、爪楊枝で作った名前を書いたかわいい旗を立てておくなどの工夫で、子どもは安心してあそびを終え、片づけに入れます。

✂ 準備するもの

１日のスケジュールカード、音楽、爪楊枝で作ったかわいい旗

発達支援のポイント

発達の時期やスピードはみんなちがう

　子どもの発達を点で見てしまうと、「他の友だちと一緒でない」「障害」「できない子」となりますが、先生は"どの子も一緒に発達する"と考えずに発達の時期やスピードが子ども1人ひとりで異なることを知っておくとよいでしょう。発達を「点」「線」「面」「立体」としてとらえてみましょう。身長の伸び方が幼児期、学童期、思春期と、どの時期に一番伸びるかがその子によって異なるように……。

　また、子どもの成長は、生まれ月にも左右されます。同い年でも"4月生まれ"と"3月生まれ"は幼いときほど発達の差が大きく見られます。発達に課題があるのか、生まれ月による差なのか、わかりにくいこともありますが、個々の子どもの発達過程を見きわめながら、その都度、その子どもに適した育て方をしていくことが大切です。

　卒園していった子が、どのような成長をしているか……、そのときの先生の保育はどうであったか……などをたまにふりかえって、今の保育に活かしましょう。

こだわりの強い子

勝ちや一番にこだわる

B君のせいで負けたんだ！

エピソード

①イス取りゲームでイスに座れないと友だちを叩く
②負けるのがイヤで集団活動の途中で抜け出す

勝ちや一番にこだわる

イス取りゲームでイスに座れないと友だちを叩く

エピソード①

気になる子どもの姿

・イス取りゲームなどで勝っているときは楽しく友だちとあそんでいても、イスに座れないとイライラして友だちを叩いたり、蹴ったりする

なんでかな？

・勝ちにこだわる
・衝動を抑えられない
・負けて終わるのがイヤ

こだわりの強い子

敗者復活イス取りゲームで、負けても最後

クラス環境の整え

❶ クラスの約束をする。

> （クラスの約束）
> ・イライラしても人を叩かない
> ・イライラしたらがまんのポーズをする

❷ イライラがおさまらないときは、先生に言って休憩ハウスでやすむ。

クラスみんなへの支援

❶ 敗者復活イス取りゲームのルールや手順を絵・図を使って教える。
・音楽が鳴ったらスタートする、止まったらイスに座る
・座れたかどうかのジャッジは先生が行う
・座れなかった子は応援のイスに移動する

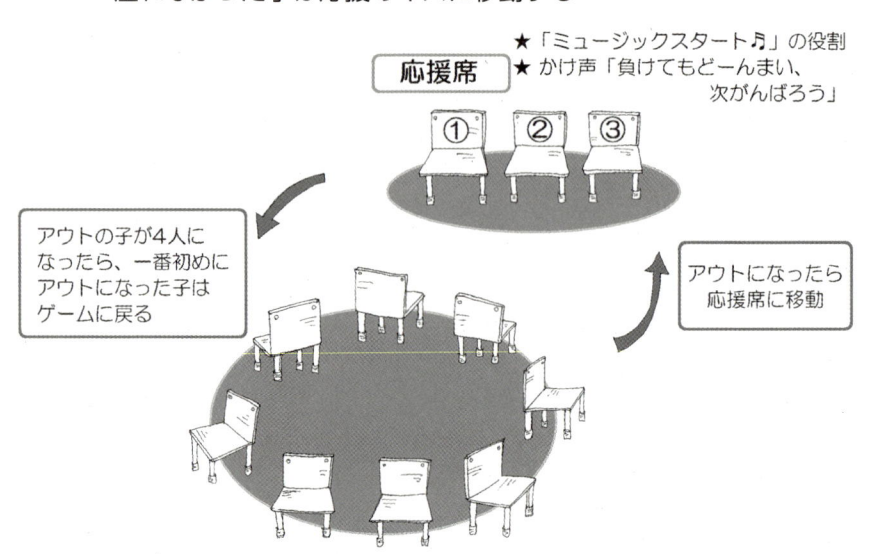

応援席
★「ミュージックスタート♬」の役割
★ かけ声「負けてもどーんまい、次がんばろう」

アウトの子が4人になったら、一番初めにアウトになった子はゲームに戻る

アウトになったら応援席に移動

勝ちや一番にこだわる

まで ゲームに参加できるようになろう

> 負けても友だちを叩かないよ～

- 座れなかった子が応援イスに移動するときは、みんなで「負けてもどーんまい、次がんばろう」とかけ声をかける　〈みんなのかけ声で抑制〉
- 座れなかった子（アウトの子）は応援席で「ミュージック、スタート」と言って音楽をスタートさせる（CDラジカセのスイッチを押す）　〈負けても役割がある〉
- 座れなかった子のイスは３個にしておき４人目が座れなくなったときには、一番初めにアウトになった子がゲームに戻れるイス取りゲームにする　〈ゲームに戻れる見通しがあるのでがまんできる〉
- 「○時△分～□分までイス取りゲームをします」と時間を決めて行う

> 今日はイス取りゲームをします
> ●時△分から□分までします

（イスとりゲームのあそびかた／イスとりゲームのおやくそく）

❷ロールプレイをする。
- ❶を具体的に先生や子ども小集団で演じ、みんなで確認する
- みんなで練習をしてみる。できたらほめ、ゲームを始める

こだわりの強い子

敗者復活イス取りゲームで、負けても最後まで参加できるようになろう

個別の支援

❶ クラス全体に伝えたことが理解できているかどうかの確認をする。理解ができていない場合は先生と一緒にロールプレイし、ふるまい方（がまんのポーズなど）を覚える。

❷ アウトになっても順番がきたらゲームに戻れること、"音楽スタート係"ができることを伝える。

❸ できたらほめる。

> イスに座れなかったとき悔しいよね？
> それでどうするんだった？

> がまんのポーズ
> 一緒にしてみようか

ギュッ!!

> イスに座れなくても
> ミュージックスタートが
> できるね！！
> 先生の助手だよ♪♪

> ワンポイントアドバイス♪

♪ 負けて終わらないゲームを

勝ち負けにこだわる子は、負けると衝動的に行動してしまい、友だちとトラブルを起こしやすく、先生に注意される回数が多くなりがちです。そして、「ぼくばかり叱られる……」と自己肯定感がさがり、自信をなくします。そのようなことを予防しつつ、クラスみんなで楽しむゲームからスタートしてみましょう。

♪ 負けても役割（係）がある

まず、イスに座れなかったとき、みんなで「負けてもどーんまい」と言って、気持ちが大きく落ち込まないようにしましょう。次に、アウトイス（応援席）に行っても「ミュージックスタート」とゲームをスタートする係になれるようにします。

♪ ゲームに戻ればチャンスがくる

４人目のアウトの子が来たらゲーム最初にアウトになった子はゲームに戻れるので、負けて終わることはありません。また元気にゲームに参加できます。

♪ "やくそく"をみんなで守る工夫

ゲームを始める前に"イライラしても人を叩かない""イライラしたらがまんのポーズをする"、そして気持ちを落ち着かせる。

それでもおさまらない場合は"休憩ハウスでやすむ"で気持ちを切り替えるなどの約束をします。

♪ スピーディに行動し、トラブルを起こさせない

それでも衝動的に友だちを叩く場合があるかもしれないので、先生はＡ君がイスに座れないとわかったとき、スピーディに、Ａ君のそばに行き「がまんのポーズしようか」「ミュージックスタートと言えるね」「あと○人待つとまたゲームに入れるよ」などと悔しい思いを受

け止め、次にする行動の見通しを示します。

♪ イス取りゲームのステップアップ

　敗者復活イス取りゲームは、負けてもまたゲームに戻れる見通しがあるので、次第に衝動的な行動が軽減します。このようなゲームからスタートし、本来のイス取りゲームにステップアップしていく方法があります。

✂ 準備するもの

あそびの説明の絵・図、約束カード、ＣＤラジカセ、イス取りゲームに使う音楽、人数分のイス

発達支援のポイント

勝ち負けを意識することは、発達の１つ

　友だちを意識し始める年少から年中の時期は、勝ち負けにこだわることが出てきます。なかよくあそぶこと、勝ってうれしい・負けて悔しい、このような感情の発達はどの子にも見られます。

　ただ、激しく感情がゆさぶられ、行動化する子が気になります。「負けてもど〜んまい、次がんばろう〜」とクラスみんなのかけ声で、共に育てつつ、気になる子には競争心だけではなく、「今日はまあいいか、次がんばる」といった、妥協心も少しずつ芽生えさせる保育の工夫をしましょう。

勝ちや一番にこだわる

負けるのがイヤで集団活動の途中で抜け出す

エピソード 2

気になる子どもの姿

・サッカーあそびが好きで、楽しめるが、チームが負けてくると「B君のせいで負けた」などと言って、集団から抜けていくことがたびたびある

なんでかな？

・負けるのがイヤ
・勝ったり負けたりするあそびのおもしろさがわからない

こだわりの強い子

集団活動で、チームが勝っても負け

環境の整え

❶ クラスの子どもの人数に合わせて4グループ6人にする（クラスの子どもの人数が24人の場合）。

> 勝ち負けの体験をたくさんする

❷ グループで活動する機会を増やす。

❸ 「ドッジボールの総当たり戦」の表を掲示し、園庭にドッジボールと応援のできる準備を事前にしておく。

> 見学中に、友だちが負けたときのふるまいを見て、学ぶ機会にする

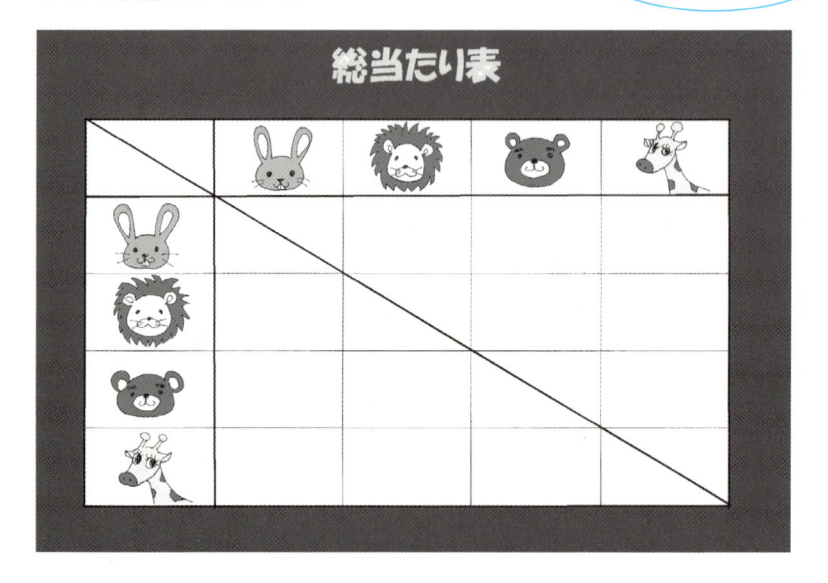

クラスみんなへの支援

❶ 「今日からグループで『ドッジボールの総当たり戦』をします」とクラスみんなに伝える。

・ドッジボールのルールと約束を絵で説明する

勝ちや一番にこだわる

ても最後まで参加できるようになろう

> 勝っても負けてもたのしいよ

- 「4グループ総当たりで、全部で6回試合をします。今日は2回します。ウサギグループとライオングループの試合とクマグループとキリングループの試合です。明日もまた試合をします」「それでは、1回目はウサギグループとライオングループです。あとのグループの人は応援席で応援します」と伝える
- ドッジボールゲームを始める

（ドッジボールのルールと約束）
＊ボールを相手チームに投げて当たれば外に出ます。1ゲームは5分間します。
＊ボールを受けても線から出たら、相手チームのボールです。
＊友だちの顔や頭には当てません、当たってもセーフです。
＊試合の途中で抜けないで最後までゲームに参加します（**負けても最後までがんばる子がすてきです**）。 → ここを強調
＊勝ったグループには赤のシール、負けたグループには青のシールをはります。
＊チームで力を合わせてがんばります。

❷「勝っても、負けてもみんなで楽しくあそべる子がすてきです。みんながんばろうね」「友だちのことを悪く言いません。チームで力を合わせてがんばりましょう」と伝える。 → 友だちのことを悪く言わない

❸負けたグループの子どもたちに対して、「負けても最後までよくがんばりました」とほめる。 → 最後まで参加する子がカッコイイことを強調する

こだわりの強い子

集団活動で、チームが勝っても負けても最後まで参加できるようになろう

A君の個別の支援

❶ 1回目「A君はクマグループなので、応援席で応援するグループです。しっかり応援してね」と伝える。

❷ ウサギグループとライオングループが試合をしているとき、「A君、見てごらん。B君すごいね、ボールが当たっても試合に最後まで入っている」と負けてもがんばっている子をほめる。

> 最後までがんばる子がカッコイイ！

❸ 2回目「A君、クマグループとキリングループがドッジボールします。先生が『試合終了』と言うまでみんなとがんばってドッジボールしてね」と、勝ち負けより最後まで参加することがカッコイイことを、試合が始まる直前に伝えておく。

❹ 途中で抜け出しそうになったら「A君、最後までがんばろう」と伝え、「抜けて行かない約束だったね」と止める。

> A君が出て行きそうになったら必ず止める

> ボールに当たったあともがんばって最後まで参加してたね

❺ 負けても最後までがんばったら、「クマグループは負けたけど、A君の投げ方かっこよかったよ」「B君にボールをゆずってあげたこともステキだね。友だち思いだよ」などとほめる。

> 勝ち負け以外のことを強調してほめる

> 最後にもほめる支援をめざす

ワンポイントアドバイス♪

🎵 共感、協力の気持ちや行動を育てる

　1回の勝負ではなく、何回も試合をするグループ総当たり戦にします。負けたり勝ったりして楽しむ体験をしながら「勝ってうれしい」「負けて悔しいけどがんばる」「ぼくもＢ君もがんばったけど負けた、でもＢ君はさ最後までちゃんと試合をしたからぼくもがまんしよう」といった気持ちや社会性が育っていきます。自由あそびではなく、一斉保育活動として扱い、友だちと共に育つ心の発達をめざしましょう。

🎵 ルールが理解できている？

　Ａ君は、ゲームのルールがよく理解できないことがあるかもしれないので、1回目は応援席で見るようにし、他に先生がいたらそばで解説するとようにしましょう。

🎵「最後まで続ける」のが大切なことだと知らせる

　他の子が先生から「Ｂ君は負けてもグループのみんなとがんばって最後まで参加できたね」などとほめられる場面を見て学ぶこともあります。「負けてもグループから出ません」と注意するより、負けても最後まで参加することで先生に認めてもらえると理解し、試合を続けられるようになります。

✂ 準備するもの

グループ分けの表、ドッジボールの総当たり戦の表、ドッヂボール、タスキなど

こだわりの強い子

習慣や予定にこだわる

ちがう道イヤだ!!

イヤッ!!イヤーッッ!!

今日はプールに入る日だッ!!

エピソード

①道の変更をイヤがる
②雨の日のプールあそびの変更ができない

習慣や予定にこだわる

道の変更をイヤがる
エピソード①

気になる子どもの姿

・「公園に行きます。工事中なのでいつもとちがう道を通ります」と話すと、「イヤだ！」と言って散歩に行かない

なんでかな？

・はじめての道を通ることが不安
・いつも通っている道を変更したくない

こだわりの強い子

先生が決めた道を歩いて、みんなと

クラス全体の環境の整え

❶ いつも通る道の工事中の写真に「『通れません、あぶない』、×」、先生が決めた道の写真に「『通れます、だいじょうぶ』、○」と書いて、1週間くらい前から掲示しておく。

> 変更が苦手な子のために前もって変更を知らせる

❷ 先生が決めた道にある木・家屋・お店・曲がるところを絵に描いて掲示しておく。

❸ ブランコ、シーソー、鬼ごっこなどいつも公園での興味のあるあそびの写真なども掲示し、楽しみを持たせる。

クラスみんなへの支援

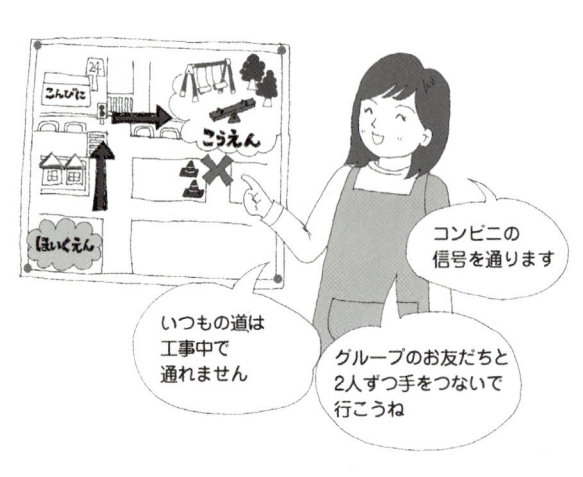

❶ 朝の会で、あぶない道と安全な道の写真を見せながら「いつも通っている道はあぶないので、先生が決めた道を通って公園に行きます」、道のイラストを見せながら「このお店を曲がります」などと伝える。

> いつもの道は工事中で通れません

> コンビニの信号を通ります

> グループのお友だちと2人ずつ手をつないで行こうね

> 見通しがあると安心

❷「グループの友だちと2人ずつ手をつないで行きます」と伝える。

❸「公園に行ったらなにしてあそぶ？ ブランコ？ シーソー？」と、興味を持たせる。

習慣や予定にこだわる

一緒に公園に行けるようになろう

> みんないっしょはたのしいよ

個別の支援

❶ みんなに説明しているときに「イヤだ」と言い出したら写真を見せて「あぶないので先生の決めた道を行こうね。公園についたらA君の大好きな鬼ごっこしようね」と、楽しみを持たせる。

> 楽しみを持たせて苦手を克服

❷ A君と手をつなぐ子はグループのなかでもしっかりとしたモデルになるような子をえらび、「A君、行こうよ」と誘ってもらう。

> 友だちと一緒で安心

❸ 掲示してある写真や地図を見ながら歩き、公園についたら約束どおり先生と鬼ごっこをしてあそぶ。

❹「いつもとちがう道も通れたね。よくがんばりました」とほめる。

> しっかりほめる

> 公園についたらA君の大好きな鬼ごっこしようね

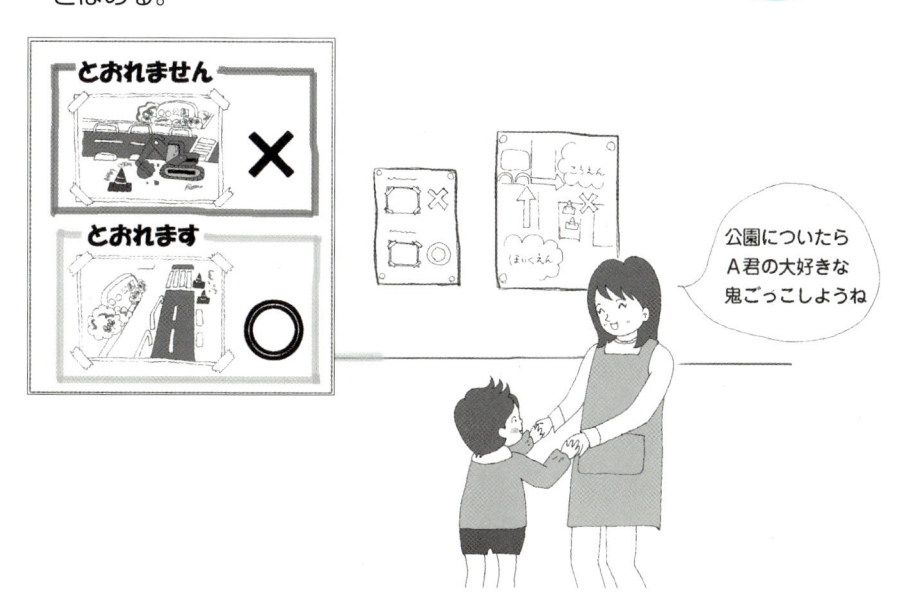

こだわりの強い子

ワンポイントアドバイス♪

♪ 見てわかるように

道にこだわる子は、「ダメ」「あぶない」だけでは納得しません。
・写真で工事中のあぶない様子などを見せておく
・イラストで先生が決めた道の道端にあるものや曲がるところを見せておく

などして、見てわかるようにするといいでしょう。また、「ちょっとがまんすれば、大好きないつものあそびを公園で先生とできる！」と希望を持ったがまんの心が育つチャンスにもなります。

♪ なぞなぞで

先生の描いた道の地図を見ながら「ここに電柱があるよ、次の角にはなにがあるかな？」と『なぞなぞ形式』で進めていくと、『なぞなぞ』に気が向き、こだわりが柔らかくなる可能性があります。

♪ 先生を信頼して、1回で成功するように

1回目に成功すると次からはスムーズに行けると思います。逆に言えば、1回目に子どもの思いどおり（ごねて、公園に行かない）になると、次も行かないことになる可能性が高いです。先生は、普段の保育のなかで、子どもと好きなあそびを通じて、信頼関係を育みましょう。

✂ 準備するもの

工事中の道の写真、先生が決めた道の写真、道順イラスト

習慣や予定にこだわる

雨の日のプールあそびの変更ができない

エピソード②

🍎 気になる子どもの姿

- 「今日は雨が降ってきたのでプールあそびはありません」と話すが、「今日はプールに入る日だ！」と怒ったり、泣いたりする

🍎 なんでかな？

- 変更が苦手で予定どおりにしたい（プールに入る日は決まっている）
- いつもと予定がちがうと（プールに入れないと）、なにをしてあそんだらいいかわからない

> 雨が降ってきたからプールあそびはありません

> イヤッ！！イヤーッッ！！

> 今日はプールに入る日だッ！！

こだわりの強い子

プールに入れない日でも、予定を変えて

クラス環境の整え

❶ "プールに入れる日のきまり"を作る。入れない日は雨の日、水温が●度以下の日とする。

❷ プールに入れる日は青い旗（○）、入れない日は赤い旗（×）にし、園長先生が必ず旗を掲げ、園全体にわかるようにする。

クラスみんなへの支援

❶ 先生は朝の会で「プールに入れる日はプールのところに青い旗が立っています。晴れていても水の温度が低いときや、雨が降っているときは赤い旗が立っています。赤い旗のときはプールに入れないので、ほかのあそびをします」と伝える。

> プールに入れる日は
> プールのところに**青い旗**が立っています
> 晴れていても、水の温度が低いときや
> 雨が降っているときは**赤い旗**が立っています
>
> **赤い旗**のときはプールに入れません
> ちがうあそびをします

習慣や予定にこだわる

気分を変えて たのしくあそぼ

自分の好きなあそびができるようになろう

❷「今日は、どんな旗が立っているかな？ B君、見てきてください」と伝え、B君が見に行く。「今日はプールができない。赤い旗が立っているよ」とB君はみんなに報告する。

今日は赤い旗が立っているよ
今日はプールができないよ

B君 ありがとう

A君の個別の支援

❶「A君、今日は赤い旗が立っているから、プールはありません」

「きまり」だから仕方ないね

❷「プールのない日は、A君の好きなブロックあそびを一緒にする約束だったね」と伝え、しばらく一緒にあそぶ。

あそびを決めておくと安心

❸ 納得しない場合は、A君と一緒にプールのところに行って旗を見せ、好きなブロックあそびに誘導する。「がまんできたね」とほめる。

A君、先生と一緒にプールのところに行って旗の色を見てこようか

こだわりの強い子

ワンポイントアドバイス♪

♪ ルールや決まりは見てわかるように

　スケジュールの切り替えがしにくい子は、言葉だけで「ダメ」「ありません」などの禁止用語だけでは納得しにくいので、ルールやきまりを作り、見てわかるようにすると理解しやすくなります。

　クラスのみんなもそのルールを守るので、集団の力を借りて切り替えるチャンスとしましょう。「プールのきまり」はみんなのきまり、と納得しやすくなります。

♪ 代わりのあそびを前もって決めておく

　突然の変更でプールに入れないと、なにをしてあそんだらいいのかとまどう子もいます。「プールがない日は好きなブロックあそびをしよう」などと、代わりのあそび決めておくことで切り替えやすくなります。

✂ 準備するもの

赤・青の旗、○×のカード、プールの決まりを書いたカード

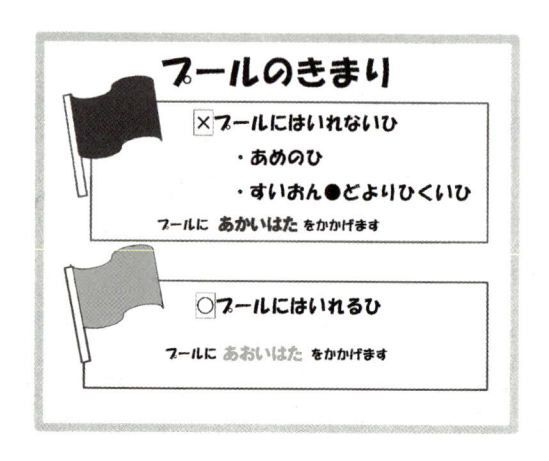

```
プールのきまり
🏴 ×プールにはいれないひ
　・あめのひ
　・すいおん●どよりひくいひ
プールに あかいはた をかかげます

🏳 ○プールにはいれるひ
プールに あおいはた をかかげます
```

発達支援のポイント

ほめる支援は子どもが近づく

　子どもはほめられると「先生大好き。一緒にいたい」と心理的にも、行動的にも先生に近づき、先生とあそびたい気持ちや、お手伝いなどを認めてもらいたい気持ちが芽生えてきます。がんばりスイッチも入り、良い行動が増え、自己肯定感が高まります。

　そして、次第に先生との信頼関係が深まります。また、課題ができないなど困ったときにも、黙ってどこかに行ったり、物を壊したりせず「先生教えて」と助けを求めるようになり、問題行動が減ります。

叱ることが多いと子どもが離れる

　子どもは叱られてばかりいると、先生から逃れようとして、"先生に見つからないように"距離を取るようになります。目が合うとそらしたりする行動も出てきます。

　課題ができないなど困ったときでも、先生にSOSを求められないので、困ってしまい、保育室から飛び出したり、課題の材料を壊したりする行動も出てきます。先生も困って「A君には加配の先生が必要」と人手の要求をしたくなります。

　そのようにならないためには、子どもがなにに困っているのかをよく観察して、成功できる支援から始めましょう。

自信のない子

言いたいことが言えず黙ってしまう

「どうしたのー？」
「A君 なぁに？」

エピソード

①自分の思いが言えない
②折り紙をしたがらない

言いたいことが言えず黙ってしまう

自分の思いが言えない

エピソード 1

🍎 気になる子どもの姿

・帰りの会で「今日、なにをしてあそんだか、どんなことをしたか、お話ししましょう」と話しても、体験したことが言えずに黙っている

🍎 なんでだろう？

・なにを話したらいいのか、わからない
・話し方がわからない
・経験が少ない

帰りの会

今日
なにをしてあそんだか
どんなことをしたか
お話ししましょう

自信のない子

帰りの会で、その日の出来事

クラス環境の整え

❶ しずかな雰囲気を作る。
❷ 1日のスケジュール表に帰りの会で「今日したことを発表する」を入れておく。
❸ 発表の仕方のパターンが書かれた『発表カード』を準備する。

- あさの会
- すきなあそび
- プール
- きゅうしょく
- すきなあそび
- おやつ
- おわりの会(はっぴょう)

はっぴょうカード 〔発表の方法がわかる〕

ぼくは
わたしは （　　　）をしました

クラスみんなへの支援

❶ 朝の会でスケジュールの話をするとき「今日から、帰りの会で、なにをしてあそんだか、どんなことをしたか、今日したことをみんなの前で発表します」「なにを話したらいいかわからない子は、先生に相談しにきてね」と予告をする。
❷ 帰りの時間になったら『発表カード』を見せ、「先生が一番にしてみます」とロールプレイをする。「『今日はなにをしましたか？』と聞かれたら『ぼくは、または、わたしは、（お店屋さんごっこ）をしました』と（　）にあそんだことを入れます」と例を示す。「発表したらみんなで拍手をしましょう」と伝える。
❸ 順番に発表させる。
❹ 「みんな上手に言えたね」とほめる。

言いたいことが言えず黙ってしまう

はずかしくなんてないよ〜

を話せるようになろう

個別の支援

❶ 先生は、「A君、今日はブロックあそび楽しそうだったね」「発表のときにブロックの話しようね」と発表の前に伝えておく。

❷ 「1回練習しようか」と言って、「僕は（ブロック）をしました」と『発表カード』を見せ、うながす。困っているようであれば、先生がモデルを示し、A君に復唱させる。「僕はブロックをしました」と言えたら、「A君すごい、発表のときがんばろう」と励ます。

発表の内容がわかる

❸ A君は3番目くらいにして、前の子が言っているのを見て、「あのように言えばいいんだ」とわかるようにする。

❹ A君の番になったら「さっき練習したとおりに言えばいいよ」とうながす。「上手に言えたね」とほめる。

今日はブロックあそびたのしそうだったね 発表のときにブロックの話をしようね

いっかい練習してみようか♪

うん

自信のない子

ワンポイントアドバイス♪

♪ 安心して話せるように
　人前で発表するのが苦手な子がいます。恥ずかしい、失敗したくない、どのように、なにを話したらいいかわからないなど要因はさまざまです。そのような子に対して、みんなが同じ形態で発表することは安心できる方法です。また、保育者が例を示すとさらにわかりやすくなります。

♪ 話す内容に困っている子
　なにを話したらいいかわからない子には、保育者がその子のあそんでいる姿を確認して「ブロックしてたね。ブロックのこと言おうね」などと支援すると、気持ちが軽くなります。「ぼくは○○してたのしかったです」と気持ちや感想も発表してほしいところですが、まずはあそんだことを発表できるようになってから、スモールステップで進めましょう。

♪ ことばでは難しい子
　ことばの発達がゆっくりな子や衝動性の強い子は、思っていることをうまく話せないことがあります。ことばだけでは発表が難しい子には、あそびの絵カードを持たせる方法があります。絵カードを見せたら「C君はブロックであそんだんだね」とことばをそえてあげましょう。

その他のケース α
　朝の会で「ぼくは○○がしたいです」と話すなど、いろいろな場面を練習すると、しゃべる方法や内容が広がり思いが言えるようになります。

準備するもの
スケジュール表、発表カード

言いたいことが言えず黙ってしまう

折り紙をしたがらない

エピソード②

🍎 気になる子どもの姿

・「今日は折り紙でチューリップを折りましょう」と話すが、すぐに取りかからず、まわりを見たり、途中でやめてしまったり、折り紙を破ったりする

🍎 なんでかな？

・折り方の手順がわからない
・興味が持てない
・折り方がわからないのに、先生や友だちに聞くことができない（SOSが出せない）

自信のない子

折り紙を手順どおりに

クラス環境の整え

❶ "チューリップ"ができ上がるまでの工程表をクラス全員が見えるところに掲示する。

クラスみんなへの支援

❶ クラスの子どもたちをグループに分ける。A君は、折り紙が好きでしっかりした子がいるグループにする。

❷ 「今日は折り紙でチューリップを折ります。前にはってある順番で折ると誰でもすてきなチューリップが折れます。たくさん折ってチューリップの花壇をお部屋に作りますよ」「グループごとでチューリップ花壇にしてもいいですね」などと話し、子どもたちが興味を持てるような話や、やる気スイッチが入るような雰囲気作りをする。

❸ 「1番は△を作ります」とモデルを見せながら進める。全員ができてから次の工程に進むようにする（1指示1動作）。〔手順がわかる〕

❹ 「わからなくなったら『先生教えて』と言ってくれたら、先生が教えに行くからね」と、**困ったときにはSOSを出すこと**をクラスの約束にする。

〔せんせー！！わかりませーん〕

❺ できたら、クラスのチューリップ花壇を作り、「すてきな花壇ができました」とみんなをほめる。

言いたいことが言えず黙ってしまう

折り方がわからなかったら、先生に聞こう!

折れるようになろう

個別の支援

❶「A君、みんなでチューリップ作って、グループの花畑を後ろの壁に作るよ。A君のも一緒に飾ろうね」と活動に興味と期待を持たせる。〈興味が持てる〉

❷「A君、折り紙の点と点を合わせて折ったところにアイロンをかけます」などと言いながら、A君のそばで先生が折ってみせる。

❸ 1つずつの工程をていねいに教え、確実にできてから次の工程に進める。わからない様子であれば「A君、わからなかったら教えてって言ってね」とSOSを出すよううながす。〈SOSを出せる〉

❹ 1つ折れたら「A君できたね。すてきなチューリップさんです」「A君のグループのチューリップ畑に飾ろうね」とほめてハイタッチをする。

A君のチューリップもお花畑にかざろうね♪

自信のない子

ワンポイントアドバイス♪

♪ 折り方がわかる

折り紙に興味を持てない子のなかには、なにを折っていいかわからない、折り方がわからない、などの要因があるようです。はじめは一斉活動で同じものを作り、1つずつの工程をていねいに教えます。折り方がわかると自信が持て、自由あそびのときにも折るようになります。

♪ 折り紙は工程の少ないものから

1工程で三角に折っただけでも、ゴマ塩や海苔を描き込めば"おにぎり"になります。2工程や3工程でも楽しい、個性的な作品ができるので、簡単に作れるものから始めましょう。そして、次第に工程の多い作品に、スモールステップで進めましょう。

♪ 同じ工程ばかりを折る

グループで折り紙をする場合、役割として同じ工程ばかりを折るという方法もあります。

たとえばチューリップをたくさん折るとき、折り紙が苦手な子は工程1の三角に折るところだけを折り、他の子が工程2〜4を折るといった方法です。

✂ 準備するもの

チューリップができ上がるまでの折紙工程表、折紙、クレパスなど

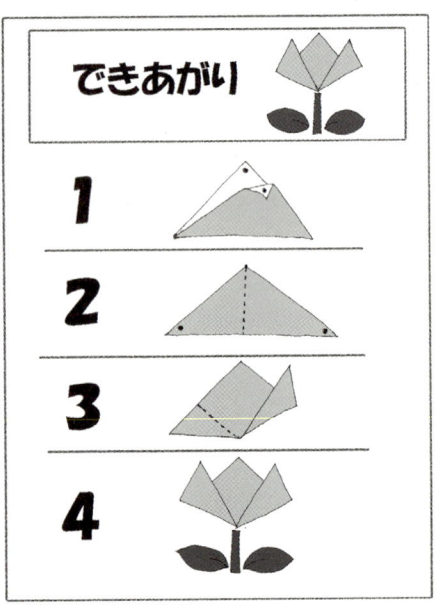

発達支援のポイント

SOSが出せるとうまくいく

　一斉活動でできないことがあると、子どものプライドはズタズタに傷つきます。子どもを1人ひとりよく観察して、できないことがあれば、保育者が援助しましょう。その際、100%、90%、50%……とどの程度の支援が必要なのか、子どもの"力"を見きわめることが大事です。

　そして、クラスみんなに「わからないとき、『おしえて』と言える子がカッコイイです」「わからない人は、しずかに手をあげて待ちましょう。先生が順番に教えます」と必ず、すべての子どもに成功させる支援をします。「わからないことは先生に教えてもらえばいいんだ」が定着すると、「先生の言うことをきいていたら、なんでもうまくいく……」と子どもたちが思えるようなクラスになります。そのようなクラスはとても落ち着いていて、みんなが輝いています。

自信のない子

初めて取り組むことに参加できない

エピソード

①クラスの友だちと鬼ごっこ（しっぽとり）ができない
②プールに入れない

初めて取り組むことに参加できない

クラスの友だちと鬼ごっこ（しっぽとり）ができない

エピソード ①

気になる子どもの姿

・初めてするクラスの活動になかなか入れない。たとえば、鬼ごっこ（しっぽとり）のときも、その場で動かず、ずっと立っている

なんでだろう？

・ルールがわからない
・どのように行動すればいいかわからない

自信のない子

クラスの友だちと鬼ごっこ（カラー

クラス環境の整え

❶ 絵や写真でゲームのルールや"赤と黄色のしっぽ"を黒板に掲示し、楽しみを持たせる。

> カラーしっぽとり
> ・あかチームは「あかいしっぽ」をつける
>   きいろチームは「きいろいしっぽ」をつける
> ・ふえがなったらはじめる
> ・おなじチームのことペアになってしっぽを
>   とりにいく
> ・とられたらきゅうけい
> ・ふえがなったらおわり

❷ クラスを２チームに分けるとき、Ａ君のグループに行動のモデルになるＢ子ちゃんを入れる。

初めて取り組むことに参加できない

ゲームのルールをよく聞こう

しっぽとり）をできるようになろう

クラスみんなへの支援

❶「今日はみんなでカラーしっぽとりをします」「先生がルールを説明するからよく聞いてね」と絵や写真で示したルール表とパネルシアターを用いて説明する。

しっぽとりの
ルールを説明するから
よく聞いてね!!

❷「赤いしっぽをつけたグループと黄色いしっぽをつけたグループに分かれます」「同じ色の子が2人ずつペアになってしっぽを取りに行きます。取られたら休憩します」と説明する。

ルールがわかる

❸ペアの組み合わせはあらかじめ担任が決め、A君はB子ちゃんとペアになるよう配慮する。

❹「それでは、始めましょう」と全体が盛り上がるように展開する。

自信のない子

クラスの友だちと鬼ごっこ（カラー

個別の支援

❶はじめに、先生はA君と一緒に他の子がしているしっぽとりを見学する。そして2人でしっぽとりをし、どのように行動すればよいかわかるように説明する。

> どのように動けばいいかわかる

❷次に「A君は黄色チームだから赤いしっぽを取るよ。B子ちゃん赤いしっぽを取ってるね」とゲームを見ながら解説し、ルールの理解ができるようにする（集団ゲームの展開は、園長先生など

初めて取り組むことに参加できない

最初は先生とやってみよう

しっぽとり）をできるようになろう

に手伝ってもらう）。

❸「では、A君もB子ちゃんと一緒に赤いしっぽをたくさん取ろうね」「大丈夫だよ」と伝えてB子ちゃんと手をつないでゲームに参加するよううながす。

❹赤いしっぽが1つでも取れたら「すごーい」「やったね」と、大いにほめる。 自信につながる

❺A君のしっぽが取られても、休憩場所へ行くことをうながし、「A君、最後までゲームに入っていられて、すごーい」とほめましょう。

すごいね〜！！

パチパチ

自信のない子

💬 **ワンポイントアドバイス♪**

♪ **動き方を教える**

　集団あそびのとき、途中で抜け出してきたり、ぼんやり立っていたりする子がいます。ルールがわかりにくい子には、絵やパネルシアター、ホワイトボードなどを利用してどのように動けばいいのか説明します。

♪ **先生と2人で練習する**

　最初は先生と2人でしっぽとりをします。次に、他の子がしている姿を一緒に見ながら「B君が赤いしっぽ取ったよ」「C君はしっぽを取られたから休憩所に行ったよ」と解説すると理解が進みます。他のあそびも、①見せて ②理解し ③まねして ④おぼえるように支援しましょう。

♪ **簡単なおにごっこからスタート**

　しっぽとりは、①自分のしっぽを取られないように逃げ、②相手のしっぽを取りに行くゲームですが、後ろにも前にも注意が必要で、子どもによっては苦手なゲームです。最初は、こおり鬼のように、鬼にタッチされたら「かたまり」、味方にタッチされたら「とけて動ける」といった単純な鬼ごっこからスタートするとよいでしょう。

他のケース

　「ひっこし鬼」「こおり鬼」「バナナ鬼」などがあります。また、初めての手あそびやダンスの参加などについても、どのように行動すればよいかがわかるようにしましょう。

準備するもの

ルール表、パネルシアター、しっぽに使うビニールひも数本（赤・黄）

初めて取り組むことに参加できない

プールに入れない

エピソード2

気になる子どもの姿

・「今日からプールに入るので、着替えます」と言っても着替えない
・プールのそばに来ることがない

なんでだろう？

・水が怖い
・顔や服に水がかかるのがイヤ

水をさわってあそべ

《プールに入る前日》

クラス環境の整え

❶水あそびをするための洗面器やたらいを準備する。
❷水鉄砲、ペットボトル、コップ、浮かべてあそぶ舟や水鳥のおもちゃなどを準備する。

クラスみんなへの支援

❶園庭でプールに入ったときに使うおもちゃであそぶ。
❷「明日からプールに入ります。今日は洗面器やたらいで水あそびをします」と事前に水に慣らしておく。
❸水鉄砲あそび、ジュース屋さん、水鳥を浮かべてお池ごっこなどを展開する。「水鉄砲をするときは、人の顔や服にはかけません」「水鉄砲、ジュース屋さん、お池ごっこは交代でしましょう」と約束する。

初めて取り組むことに参加できない

るようになろう

水をばしゃばしゃさわると気持ちいいよ

A君への支援

❶「はじめはお池ごっこするよ」と舟や水鳥を浮かべ、水にさわらないあそびをする。

水への抵抗を減らす

❷「A君、次はなにしてあそぶ？ ジュース屋さんしようか」と誘う。はじめは先生と2人で「ジュースください」「どうぞ」「ありがとう」「ゴクゴク」と飲むまねをしたりして、水に慣れさせる。

ジュースください♪

どうぞ♪

自信のない子

水をさわってあそべるようになろう

《プールに入る当日》

クラス環境の整え

❶ プールサイドに洗面器やたらい、水鉄砲、ペットボトル、コップ、浮かべてあそぶ舟や水鳥のおもちゃなどを準備する。

> 当日も前日と同じおもちゃを準備

クラスみんなへの支援

❶「今からプールに入ります。着替えてプールの横に並びましょう」「プールで楽しくあそびましょう」と伝える。

A君への支援

❶ A君が着替えないときは、「着替えなくてもいいよ。プールのところで昨日したお池ごっこやジュース屋さんしようか」とさりげなくうながす（前日体験した水あそびをプールのそばで行う）。
「A君、ビニールのエプロンつけてあそぶ？」と問いかけ、「うん」と言えばビニールエプロンをつけて「ぬれても大丈夫だね」と安心させる。

> 不安を与えない

❷ 少し慣れてきたら「おもちゃ運び係」として、プールのなかにいる友だちにおもちゃを渡す。

❸ 洗面器やたらいに足を入れ、ぱちゃぱちゃして「気持ちいいね」と言い、水が気持ちいいものであることを伝える。

・A君が水あそびに抵抗なくなるまで待つ。気長に取り組む
・クラス全体の支援もあるので加配の先生や園長先生に少し手助けを依頼する

ワンポイントアドバイス♪

♪ あそびが楽しい！と思える工夫

　水が顔や洋服にかかることをイヤがる子がいます。このような子には"水は怖くない""先生とあそんでいると楽しい"と思えるようになることが先決です。まずは小さな洗面器に水鳥や舟を浮かべるなどして、先生と1対1で安心して楽しくあそべるとよいと思います。

♪ 手足ぱしゃぱしゃ浅いプールから

　洗面器やたらいなどに水を入れ、手足でぱしゃぱしゃあそんでみることからスタートして徐々に先生にだっこされて安心して入るようにするなど、スモールステップで進めましょう。年中児、年長児でも、赤ちゃん組の浅いプールからスタートするとよいのではないかと思います。

♪ 服がぬれない工夫を

　顔や服に水がはねると嫌がり、服を何回も着替える子がいます。そのような場合はビニールエプロンをつけましょう。「服が水にぬれないから大丈夫」と言うと安心します。

♪ おもちゃ運び係

　子どもは先生の助手が大好き。プールに入らなくても、おもちゃをプールに入っている友だちに渡す係にしてみるのもよいでしょう。
　「おもちゃ運び係さん、ありがとう」と友だちに言われたり、先生にハイタッチでほめてもらうと、とてもよろこびます。

準備するもの

洗面器、たらい、水鉄砲、ペットボトル、コップ、浮かべてあそぶ舟や水鳥のおもちゃなど

おわりに

すべての自治体に「途切れのない発達支援システム」を

　近年は発達障害の疑いのある子どもの受診が増え、受診予約を取るのも難しくなってきていると聞きます。受診を待っているあいだに、誰かがその子どもに手を差し伸べ、課題に見合った対応をしてくれていればよいのですが、何の手立てもされていないと、子どもは、家庭、保育園、幼稚園、学校などでますます苦しい状況になっていく、と想像します。

　児童精神科専門病院で勤務し、入院した小・中学生の発達障害児との関わりが多かった私は、入院治療で問題行動として扱われている内容（たとえばコミュニケーションがうまく取れず、友達とトラブルが多い）が保育園ですでに問題になっていた事例が多いことに気づきました。

　また、その子に見合った対応がされてこなかったり、ある年に適切な対応をされても進級時に引き継がれなかったりすることで問題行動が増悪し、受診に至る事例が多いことも、わかりました。そこで、"問題行動が発現しないようにするにはどうすればよいのか"を考えるようになりました。

　その方法の1つは、乳幼児期からの発達課題に対し、適切な支援方法を途切れなく次の年に引き継いでいく"途切れのない発達支援"が大事なのではないか、と思うようになりました。

　なぜなら、たとえば保健センターの乳幼児健診で早期発見されても、保育園に情報が伝わらない、保育園で良い支援がされても就学時に学校に情報が入らない、といった関係者の声をよく聞くからです。このような"情報の途切れ"は"支援の途切れ"なのです。

　情報がつながらない、支援が引き継がれない1つの理由は、子ども

が在籍する保育園、幼稚園、学校のそれぞれの管轄が変わっていくことにあります。つまり、自治体(市区町村)の縦割り構造が課題であると考えます。

　乳幼児期からスタートする「途切れのない発達支援」を実現するには、自治体(市区町村)の保健、福祉、教育行政が協働・連携するシステムの構築整備が急がれます。その自治体に生まれ育つすべての子どもが、健やかに成長できるために。

　この本を出版するにあたり、デザインをいろいろ考えている期間から企画編集の労をとり続けていただいた小川史乃さん、臨場感あふれるイラストをかいてくださった山口裕絵さんほか、多くの方に助けていただきました。心より感謝申しあげます。

　どのような支援も指導も応援も、最後は子どもの身近にいる人々の"愛"です。
　今生きている、そして未来ある子どもたちが個性豊かに育まれますように。

2016年　春
中村みゆき

執筆

中村　みゆき

　前三重県立小児心療センターあすなろ学園（現三重県立子ども心身発達医療センター）副参事兼こどもの発達総合支援室長。40年近くの在職中、主に発達障害児の入院治療・療育にかかわる。2005年から三重県全体の発達障害児などの支援を行うための「途切れのない支援システム」の構築を推進。

　2012年、発達障害の方をサポートする「NPO法人ライフ・ステージ・サポートみえ」をあすなろ学園職員やOBと立ち上げ、子どもから大人まで、途切れなく支援している。NPO法人副理事長として、県内外の市町村に出向き、発達支援に関する「自治体のしくみ作り」「人材育成」「『CLMと個別の指導計画』を活用した乳幼児期の早期発見・支援」の啓発や研修会などを実施中。

　保育士、幼稚園教諭、精神保健福祉士、特別支援教育士。日本児童青年精神医学会・日本LD学会会員。

イラスト

山口　裕絵

　あすなろ学園（現子ども心身発達医療センター）医療部こどもの発達総合支援室市町支援課（主事）を経て、現在農林水産部水産基盤整備課（主査）。

園生活がもっとたのしくなる！
クラスのみんなと育ち合う保育デザイン
――保育者の悩みを解決する発達支援のポイント

2016年3月20日　初版第1刷発行
2022年5月25日　　　第3刷発行

著　者　中村　みゆき
発行者　宮下　基幸
発行所　福村出版株式会社
　　　　〒113-0034　東京都文京区湯島2-14-11
　　　　電話　03-5812-9702　FAX　03-5812-9705
　　　　https://www.fukumura.co.jp
印　刷　株式会社文化カラー印刷
製　本　協栄製本株式会社

©Miyuki Nakamura 2016
Printed in Japan
ISBN978-4-571-12128-9
定価はカバーに表示してあります。
乱丁本・落丁本はお取替えいたします。

JCOPY〈出版者著作権管理機構　委託出版物〉
本書の無断複写は著作権法上での例外を除き禁じられています。複写される場合は、そのつど事前に、出版者著作権管理機構（電話 03-5244-5088、FAX 03-5244-5089、e-mail: info@jcopy.or.jp）の許諾を得てください。

福村出版◆好評図書

廣利吉治 著
**愛着と共感による
自閉スペクトラム症(ASD)児の発達支援**
●エピソードで語る障害のある子どもたちの保育臨床
◎2,500円　ISBN978-4-571-42068-9　C3036

巡回保育相談やグループセラピーなどで重ねた長年の実践を振り返り，ASD児の心を育む関わりのヒントを探る。

七木田 敦・山根正夫 編著
発達が気になる子どもの行動が変わる！
**保育者のための
ABI(活動に根ざした介入)実践事例集**
◎1,800円　ISBN978-4-571-12129-6　C3037

発達障害が気になる子どもの行動に対する新しいアプローチ，ABI（活動に根ざした介入）の実践例を紹介。

橋本創一 他 編著
**知的・発達障害のある子のための
「インクルーシブ保育」実践プログラム**
●遊び活動から就学移行・療育支援まで
◎2,400円　ISBN978-4-571-12119-7　C3037

すぐに活用できる知的・発達障害児の保育事例集。集団保育から小学校の入学準備，療育支援まで扱っている。

小川英彦 編著
**気になる子ども・発達障害幼児の
保育を支える あそび55選**
◎1,700円　ISBN978-4-571-12124-1　C3037

気になる子どもの発達を促す原動力である実践的な支援「あそび」を豊富なイラストと共にわかりやすく紹介。

小川英彦 編
ポケット判
**保育士・幼稚園教諭のための
障害児保育キーワード100**
◎2,000円　ISBN978-4-571-12131-9　C3037

法律・制度から日々の実践まで，障害児保育に必要な情報100項目を収録し，平易に解説したガイドブック。

B.M.プリザント・T.フィールズ-マイヤー 著／長崎 勤 監訳
吉田仰希・深澤雄紀・香野 毅・仲野真史・浅野愛子・有吉未佳 訳
自閉症 もうひとつの見方
●「自分自身」になるために
◎3,000円　ISBN978-4-571-42066-5　C3036

自閉症の子どもを一人の人間として捉えなおし，その特性を活かしつつ共に豊かな人生を得る方法を提示する。

渡邊雄介 監修／芳野道子・越智光輝 編著
保育内容「音楽表現」
●声から音楽へ 響きあう心と身体
◎2,600円　ISBN978-4-571-11047-4　C3037

日々の保育に欠かせない声の健康を保つための基礎知識を身につけ，保育における豊かな音楽表現を目指す。

◎価格は本体価格です。